이야기로 엮는 목사백서(牧事白書)

목사의 죄

조정칠 지음

목사의 죄

초판 1쇄 찍은 날 · 2012년 1월 10일 | 초판 1쇄 펴낸 날 · 2012년 1월 16일

지은이 · 조정칠 | 펴낸이 · 김승태

등록번호 · 제2-1349호(1992. 3. 31) | 펴낸 곳 · 예영커뮤니케이션

주소 · (136-825) 서울시 성북구 성북1동 179-56 | 홈페이지 www.jeyoung.com

출판사업부 · T. (02)766-8931 F. (02)766-8934 e-mail: edit1@jeyoung.com

출판유통사업부 · T. (02)766-7912 F. (02)766-8934 e-mail: sales@jeyoung.com

ISBN 978-89-8350-778-5 (03230)

값 10,000원

이야기로 엮는 목사백서(牧事白書)

The Sin of Pastor

목사의 죄

조정칠 지음

예영커뮤니케이션

서론

목사도 죄인이다. '목사의 죄'는 목사 스스로 고백하는 소리이다. 기독교를 대표하는 종인 사도 바울은 '죄인 중에 내가 괴수니라'(딤전 1:15)라고 고백했다. 자기 죄를 스스로 깨닫는 자가 가장 인간답고 정신이 건강하다. 세상이 병들고, 나라가 병들고, 민심까지 병이 들었을 때, '무슨 처방 하나 없을까?' 하고 대안을 찾기 위해 그 근본적인 원인을 찾다가 '목사의 죄' 때문이 아닐까 하는 생각을 하게 되었다.

모든 병에는 반드시 원인이 있다. 작은 병은 부주의에서 생기는 경우가 많다. 그러나 큰 병은 죄값 때문이라고 생각한다. 우리 사회에 만연한 병은 누구의 죄라고 해야 할까? 아무도 자신의 죄와 책임 때문이라고 나설 사람이 없을 것 같아서 목사에게 그 죄를 묻고 싶다. 그것이 순리가 아닐까 싶다.

우리 시대가 안고 있는 병은 대부분 인간성의 상실에서 기인한다. 모두 사람다운 사람을 갈망하는데도 아무 대책이 없으니 이것이 목사의 죄가 아니고 무엇인가?

목사는 양을 먹이는 목자다. 사람을 양으로 비유한 것은 그 뜻이 매우 깊다. 양은 성질이 온순하여 잘 키우기만 하면 용도가 아주 다양하다. 사람도 성품이 좋고 쓸모가 있다면 양 같은 사람이 된다. 양은 살아서 두 가지, 즉 털(毛)과 우유(乳)를, 죽어서도 두 가지, 즉 가죽(皮)과 고기(肉) 등 자신이 갖고 있는 모든 것을 인간에게 주고 가려고 열심히 풀을 뜯어먹고 산다.

교회는 양 같이 선량하고 쓸모 있는 인간을 양성하는 곳이다. 그런데 오늘날 교회가 그 일을 제대로 하고 있는 것 같지가 않다. 이런 세상에서 얼굴을 들고 다니자니 마음이 무겁고, 모두가 목사의 죄 때문인 것만 같다. 더구나 탐욕의 홍수에 교회마저 휩쓸려 가는 것 같아 한심스럽다.

어디에 가서 오염되지 않은 땅을 좀 밟아 볼까 하고

온갖 곳을 헤매고 다녀 보았다. 우리 아버지는 기독교인이 아니었다. 그런데도 제발 교회라도 가서 사람이 좀 되어오라고 나를 억지로 떠밀어 보내셨다. 아버지는 교회가 오염이 가장 적게 된 곳이라고 믿었기 때문이다.

목사가 죄를 토하는 그곳에 땅이 살아날 것이다. 왜냐 하면 의인이 어떻게 살고 있는지, 의인이 무슨 생각을 하고 있는지 하나님께서 하늘에서 보시고 땅을 고쳐 주시며 물이 넘칠세라 돌봐 주시기 때문이다. 의인이 없으면 소돔과 고모라처럼 하나님께서 재앙으로 세상을 엎으실까 두렵기만 하다.

2011년 겨울
뉴저지 에디슨에서
조정칠

차례

제1장 목자(牧者) 거부 죄

목사의 죄를 설명하려면 설득력 있는 근거를 제시하는 것이 좋을 것 같다. 목사에게는 성경을 들어 증명하는 것보다 더 효과적인 방법은 없다. 성경에는 '사람이 선을 행할 줄 알고도 행하지 아니하면 죄니라'(약 4:17)라고 기록되어 있다. 목사는 누구보다 선을 잘 알고 있다. 그런데 그 아는 것을 모두 행하는 목사가 과연 얼마나 있을까? 그러니 목사는 죄인일 수밖에 없다.

그리고 또 '말과 혀로만 사랑하지 말고 행함과 진실함으로 하자'(요1 3:18)고 했다. 교회 안에서 목사만큼 말을 많이 하는 사람은 없다. 그 많은 말을 하는 목사가 그 말만큼 실천하며 살고 있다고 생각하는 사람은 많지 않을 것 같다. 그러니 목사는 말하는 것만큼 부담이 되는 셈이다. 그보다 더 강력한 말씀도 있다. '죄가 더한 곳에 은혜가 더욱 넘쳤나니'(롬 5:20)라고 했으니 목사의 죄는 피할 수 없는 시대적 요청이 아닌가.

'목사'라는 어원은 '목자(牧者)'에서 유래된 말이다. '목자(牧者)'가 곧 '목사'이다. 목자(牧者)를 모르는 목사란 있을 수 없다. 목자(牧者)가 어쩌다가 목사(牧師)로 바꿰었는지 참으로 유감스럽다. 그렇지만 않았더라면 목사의 죄는 좀 더 가벼워졌을 것이다.

성경에는 '목자(牧者)'라는 낱말처럼 뜻 깊고 폭 넓게 쓰인 말이 드물다. 여호와를 '목자(牧者)'라고 한 것은 너무나 유명하다. 다윗 같이 위대한 왕도 목자라 하였고, 백성을 지도하는 유력한 지도자도 목자(牧者)라 하였다. 가장 잘 알려진 목자(牧者)로는 예수께서도 자신을 가리켜 '나는 선한 목자라'(요 10:14)라고 하셨다. 성경에 나오는 목자를 우리 나라 정서에 알맞게 번역하기란 쉽지 않다. 우리 나라는 유대 나라처럼 목양이 보편적 직업이 아니기 때문이다. 그러나 우리 나라는 농업 국가였다. 농업에는 축산업도 포함된다. 그런 맥락에서 목양을 이해하는 것은 그다지 어려운 일은 아니다.

성경에는 목자의 이야기로 가득하다. 하나님과 인간의 관계를 목자와 양의 관계라고 기록되어 있다. 이스라엘 왕과 이스라엘 백성의 관계도 그렇게 규정하였다.

그런 성경에 근거하여 교회에서도 목사와 교인 사이를 목자와 양의 관계라고 설명한다. 그런데 목사들 중에는 자기는 목사(牧師)이지 목자(牧者)는 아니라고 생각하는 사례가 많은 것 같다. 그것은 매우 위험하고 잘못된 생각이다. 목자처럼 좋은 일은 흔하지 않다. 양이라는 동물은 생존 경쟁에서 가장 취약한 동물이다. 공격할 무기도, 방어할 힘도 열악하다.

인간과 양은 공통적인 취약점이 있다. 생존 방식도 인간과 양이 많이 닮았다는 학설도 있다. 누군가 돌봐 주지 않으면 스스로 살아 갈 수 없는 연약한 점이 양과 인간이 같지 않은가 싶다. 그런 의미에서 '여호와는 나의 목자시니 내게 부족함이 없으리로다'(시 23:1)라는 노래가 유명하다. 목자는 선량한 사람이 하기에 가장 적합하다. 양은 스스로 알아서 살아 갈 능력이 없기 때문이다.

목자와 양의 관계는 비유 그 이상의 의미가 있다. 목자가 연약한 양을 보호하고 양육하는 일은 어떤 직업보다도 신성하다. 목자가 결코 보잘것없는 천한 직이 아니라는 뜻이다. 예수님은 사도 베드로를 누구보다도 사랑하셨다. 그런 베드로에게 '네가 나를 사랑한다면 내 양을 먹이라'(요 21:15-23)라고 하셨다. 목양은 예수님의 숙원 사업이며 최대의 사명이다. 목자는 어떤 일보다 귀한 사역이다. 그렇기 때문에 목회자는 목자(牧者)일 수밖에 없다.

　목자(牧者)를 거부한다면 이유가 분명히 있을 것이다. 예수님도 '나는 선한 목자라'라고 하셨다. 그렇다면 목자의 거부는 예수님을 거부하는 행위일 수도 있다. 요즘에 와서 목사(牧師)의 위상에 적신호가 켜진 느낌을 받는다. 마치 목사가 스스로에 대해 고위층, 상류층, 부유층이라는 착각을 하고 있는 것 같다. 그런 탈선적인 목사가 있다는 것은 매우 슬프고 불행한 일이다.

　목자(牧者)는 고급 인력이 아니라 노동자와 같다. 목자는 농부나 어부 같은 평범한 노동자라고 성경은 말해준다. 노동의 신성함을 모르면 목사의 자격이 없다. 그렇게 목자 거부 현상의 원인은 목자(牧者)를 목사(牧師)로 인식하게 된 까닭이 아닌가 싶다. 거슬러 올라가서 생각해 보면 본래의 뜻이 잘못된 것 같지는 않다. 목자와 양의 관계를 목사와 교인의 관계와 다르다고 생각하는 그 이유가 위험천만한 것들이다.

1. 목자와 양의 바른 관계는?

세상에 어떤 관계도 목자와 양의 관계를 능가할 가치는 없다. 부모와 자식 관계도 거기에 미치지는 못한다. 부부 사이의 애정 관계도 비교가 되지 않는다. 친구 사이의 우정도 거기에는 쫓아갈 수가 없다. 목자와 양의 관계는 사랑과 신뢰의 관계이기 때문이다. 목자는 양을 사랑하는 것 한 가지밖에 다른 것이 전혀 없다. 목숨까지 내어 놓는다고 했으니 더 할 말이 없다.

그리고 양은 목자를 전적으로 신뢰한다. 목자가 양의 배를 가르고 내장을 들어내어도 반항할 줄을 모른다. 그만큼 목자를 믿고 자기 모든 것을 맡긴다. 목자는 양에게 아무것도 요구하지 않는다. 사랑하기만 하면 모든 것이 순리로 풀려 간다. 양은 목자에게 아무것도 불평하거나 반항할 줄 모른다. 이런 행복한 관계는 이 땅 위에 어디에서도 찾아 볼 수 없다. 이런 관계를 거부하는 목사가 있다면 그것은 꼭 연구해 볼 문제이다. 세상에 수많은 일 중에 목사를 하겠다는 의식이 진실이라면 목자(牧者)를 거부할 이유가 없다. 목자와 양의 관계는 갈등이 0%이다. 목자는 양을 두려워하거나 겁을 먹지 않는다. 그러니 경계할 일이 조금도 없다.

그러나 많은 목사들이 교인을 몹시 경계하며 스트레스를 받는다. 그런 관계라면 목자와 양의 관계는 이미 손상된 것이다. 그런 다음에 일어날 사태는 예측하기가 어렵다. 신뢰로 구축되어야 할 관계가 무너지면 수단과 방법이 동원되기 때문이다. 그 수단 방법은 사람에 따라서 다양하다. 주위를 한 번 둘러보면 쉽게 알 수 있다. 어떤 일들이 벌어지고 있는지 알 만한 사람은 다 알고 있다. 그렇다면 목사가 적성이 아니라는 결론에 도달한다.

다행히 인식을 바꾸든가 태도를 고치든가 하려고 결심이 섰다면 쉽게 달라질 수 있다. 목자는 머리를 많이 쓰지 않아도 된다. 자기 고집만 버리면 얼마든지 길은 있을 것이다. 푸른 초장으로 가는 길은 목자의 마음 속에 있다. 양을 사랑하는 목자의 눈에는 그것밖에 보이는 것이 없다는 뜻이다. 양을 사랑하고 양에게 관심이 없으면 목초가 눈에 들어올 리가 없다.

목사들 중에는 목자가 되어 죽기까지 사랑만 하는 것을 부당하다고 생각하는 이들이 있는 것 같다. 태어날 때부터 목사가 되려고 결심하고 훈련을 받은 사람은 없다. 세상을 살아 가는데 익숙한 나이에 목사의 길로 들어선 사람이 대다수이다. 사랑을 받는 것에 치우쳐 살았던 습성을 뒤집어 놓기는 쉽지 않다.

그런데 어떻게 양을 사랑만 하면서 평생을 살겠느냐고 할 것이다. 그것은 솔직한 고백이다. 그러나 그런 타성도 목사가 된 후로는 바꾸면 된다. 사랑의 달콤한 맛보다 보람이라는 통쾌한 맛을 알게 된다면 목자의 길을 오히려 선호하게 될 것이다. 목자의 품성은 하나님과 예수님의 품성과 같기 때문이다. 어찌 인간의 품성 중에 그런 고상하고 우수한 품성이 있을까. 하기 싫은 것을 억지로 하는 것과 다르다.

정말 할만하고 장하다는 생각으로 임하는 일이 목자

의 일이다. 그러나 좀처럼 인간의 타성을 저버리기는 어려운 일이다. 남에게 사랑을 받고 싶은 것만큼 남을 지배하고 싶은 욕구는 자신의 힘으로 이겨 내기는 어렵다. 많은 목사들이 여기서 자기와 타협을 한다. 어떻게 하든 양을 지키면 될 것이 아니냐고 방어망을 친다. 그런 다음에 양을 지배하는 구조로 목회를 한다.

그럴 수밖에 없는 이유는 누구든 지배하고 싶은 욕구를 억제할 능력이 없기 때문이다. 더 진실한 표현을 하자면 그렇게 하고 싶은 타성에 젖어 있기 때문이다. 그렇게 체질이 굳어지면 영원히 고치지 못하게 된다. 이런 점을 아시고 주님은 베드로에게 그렇게 여러 번씩 다짐하며 물으셨던 것이다.

"요한의 아들 시몬아, 네가 나를 사랑하느냐?"(요 21:15-17)

양을 지배하고 싶은 욕구가 강하면 아무 생각도 할 수 없게 된다. 이런 것은 자기 선택에 의한 것이 아니다. 그 시대가 가지고 있는 목회의 풍토와 관계가 있을 것 같다. 인간의 지배욕은 억제하기 어려운 강적이다. 현대 목회자의 절반 이상이 양을 지배하는 목사가 아닐까 싶다.

노골적으로 교회의 모든 권한이 자기 수중에 있다고 공언하는 목사가 생각보다 많다. 좋게 생각하면 목회자의 자신감 내지 사명감 같기도 하다.

그러나 성경은 그렇게 말하지 않는다. 참 목자는 양에게 그런 오만한 말을 내뱉지 않는다. 목자가 큰 소리로 양을 놀라게 하면 목자에게 득이 될 것이 아무것도 없다. 양은 목자가 자기들에게 들려 주는 작은 소리에도 민감하게 반응한다. 호젓한 피리 소리, 또는 가녀린 휘파람 소리만으로도 충분한 소통이 된다. 목사가 교인들에게 큰소리치고 싶어한다면 그것은 목사의 신뢰가 무너졌다는 신호다.

목자가 얼마나 행복하게 양을 먹이는지 알아야 목사가 된 것을 감사할 수 있다. 목자의 사랑을 받고 목자를 따르는 양의 보답은 엄청나다. 분에 넘칠 만큼 양은 주인을 만족하게 한다. 세상에 어느 누가 목사만큼 존경과 사랑과 신뢰를 받고 사는지 말해 줄 사람은 없다. 목자는 양을 사랑하는 기술이나 기교가 있는 것은 아니다. 양을 사랑하는 능력이 있을 뿐이다.

2. 잘되는 것이 주는 가치 혼란

지금은 교인들이나 목사나 잘되는 것이 최고의 가치라고 생각한다. 잘되는 것은 물론 좋은 것이다. 성경에도 '네 영혼이 잘됨 같이 네가 범사에 잘되고 강건하기를 내가 간구하노라'(요3 1:2)는 구절이 있다. 그러나 여기에 무서운 유혹이 있다. 무엇이나 잘되고 보자는 생각이 신앙의 목표가 되어서는 안 된다. 무엇이나 잘되기를 바라는 것은 세상 사람의 세속적 사상과 조금도 다를 것이 없다.

사도 요한이 사랑하는 교우들에게 전한 '네 영혼이 잘됨 같이 네가 범사에 잘되고 강건하기를 내가 간구하노라'는 요한 3서 서문에 한 절로 된 이 성구로 삼박자 구원설로 각색한 것은 큰 착각이다. 그런 줄로 믿는 교인이

수없이 많다. 그 말은 편지 서식에 쓰는 교인에 대한 위로의 예문이다. 그것을 교리처럼 쓴다면 성경을 왜곡하는 것이다. 그 서신에는 그런 암시가 전혀 없기 때문이다.

기독교적 신앙의 목적은 세상에서 잘되는 것과 거리가 멀다. 요한 3서에도 진리 안에서 행하는 것을 귀중한 가치로 가르치고 있다. 영혼이 잘됨과 범사에 잘됨을 평행선에 놓고 읽으면 곤란하다. 영혼이 잘된다면 그것으로 만족하다는 뜻이다. 그 다음은 영혼의 잘됨으로 말미암는 어떤 것도 잘된 것으로 간주하는 것이 성경의 정신이다. 여기에 신앙인의 가치관이 숨겨져 있다.

목사가 된 것이 잘된 것이라고 생각한다면 목사로 사는 모든 것을 받아들여야 한다. 목사가 된 것은 잘되었으나 목사로 어렵게 사는 것은 피해 가려고 한다면 배신이다. 목사가 목자의 정신을 유지하는 기본이 흔들렸다면 한평생 목회를 해도 헛일을 한 것이나 다름 없다. 예수님께서는 그런 목사들에게 미리 선언해 두신 말씀이 마태복음 7장 15-27절에 기록되어 있다.

주의 이름으로 선지자 노릇을 했다면 목사에 해당한

다. 주의 이름으로 귀신을 쫓아내고 주의 이름으로 권능을 행한 사람도 목사가 아닐까 싶다. 열심히 일하고 갔더니 주님은 내가 너를 도무지 모르겠다고 물러 가라고 내쫓았다고 했다. 그 정도로 끝내지 않고 한 말씀을 덧붙이시기를 '불법을 행하는 자'라고 엄중한 판결까지 하셨다. 여기에서 불법을 알아야 한다.

목사들의 우상은 목회이다. 목회를 잘하면 상급을 받는 줄 아는 것부터 바로 알아야 한다. 목사가 자기의 역량을 과시하여 자기가 무엇을 잘했다는 그 말이 불법이다. 예수님의 심판이 마태복음 25장에 상세하게 기록되어 있다. 목사의 상급은 양에게 달렸다. 양을 어떻게 먹였는가를 보시는 것이다. 목자의 평가는 양을 봐야 알게 된다. 양을 잘 길렀다면 좋은 목자다.

교회도 마찬가지다. 교인이 잘 되어야 목회를 잘한 것이다. 그런데 많은 목사들이 잘못 생각하고 있다. 자기가 잘 되려고 별의 별 짓을 다한다. 무슨 감투를 얻어 쓰고 교인들 앞에 나서서 그걸 자랑한다. 자랑도 모자라서 잔치까지 벌인다. 그런 것은 목회와 상관 없는 일이다. 오히려 목회에 방해가 될 수도 있다. 이런 것이 교회를 병들게 한다. 교인이 잘되면 그것이 목자의 자랑이다. 목사가 잘되어서 교인이 기뻐하는 것은 경사가 아니라 망조이다. 교인이 잘되어서 목사가 기뻐하는 것이 교회의 축복이다.

어느 유명한 교수를 만날 기회가 있었다. 그분이 워낙 유명하기 때문에 만나서 악수 한 번 하는 데도 행복감이 넘쳤다. 내가 먼저 인사를 건넸다.

"고명하신 교수님을 뵙게 되어 영광입니다"

그랬더니 그 교수가 호쾌하게 웃은 뒤에 정중하게 대답하며 나의 잘못을 잡아 주었다.

"목사님, 뭘 잘못 알고 계신 것 같군요. 원래 유명한 교수란 어디에도 없습니다. 교수란 자기가 가르친 제자가 잘되었을 때 얻게 되는 기쁨일 뿐입니다."

일개 교수도 그런 것을 알고 있는데 목사는 왜 그것도 모르는가? 목자가 곧 목사라는 이 가치관이 흔들린다면 그런 목사는 지금이라도 돌아가든가 아니라면 마음을 바꾸는 것이 좋을 것 같다.

3. 스승 '사(師)' 유감

 내가 반세기 동안 만나 보았던 목회자들은 대략 세 가지 유형으로 분류 되는 것 같다.

첫째, 훈장 같이 엄하고 깐깐한 牧師
둘째, 목자 같이 편하고 성실한 牧事
셋째, 머슴 같이 착하고 듬직한 牧使

위에서 보는 목사의 세 가지 각각 다른 표기는 일반적으로 쓰고 있는 것은 아니다. 다만 우리가 알고 있는 목사(牧師)는 첫 번째의 스승 '사(師)'자가 들어 있는 목사 뿐이다. 두 번째의 '목사(牧事)'라든가, 세 번째의 '목사(牧使)'는 내가 생각해 본 표현이다. 그렇게 쓰는 데가 있을 턱이 없으니 굳이 알아야 할 이유는 없을지 모른다. 그러나 목사마다 목회 스타일은 결코 획일적이 아닌 것만은 확실하다.

목사(牧師) 또는 목회자(牧會者)를 자세히 보노라면 현저하게 차이가 있다. 더구나 현대 같이 다양한 시대의 목사는 천태만상이라고 표현해도 무방할 것 같다. 별의별 목사가 활개치고 있는 시대이다. 그런 중에도 언제나 겸손과 온유로 사려 깊은 목사가 있다. 그런 목사는 교인을 소중하게 아끼며 섬기는 자세로 목회를 한다. 그래서 자기가 하나님의 심부름꾼이라고 생각하여 부릴 '使'를 써서 '牧使'라고 쓰고 싶을 것 같다. 하늘에서 하나님의 심부름을 하는 천사(天使)가 있으니 이 땅에서는 '목사(牧使)'가 적합할 것 같다.

또 다른 목사는 자기가 주인에게 그 집의 일을 위탁받은 청지기로 알고 '목사(牧事)'라고 생각하지 않을까 싶다. 맡은 일에 충성하는 집사(執事) 같이 양떼를 먹이는 일을 자기의 천직으로 알 것 같다. 그리고 일을 사랑하는 목사(牧事)라고 쓰기를 좋아하지 않을까 싶다. 비록 일이

힘들어도 일을 즐겁게 생각하여 하나님 나라 일꾼이 된 것을 명예롭게 생각할 것 같다.

가장 흔하고 보편적인 스승 '사(師)'로 된 '목사(牧師)'가 있다. 목사의 목(牧)은 '기르다, 이끌다, 다스리다' 등의 뜻으로 쓴다. '양을 기른다'는 뜻으로 '목자'라고 이름 지어진 것을 '목사(牧師)'로 번역하여 생긴 낱말이 되었다. 성경 전체에서 단 한 번 목사(牧師)가 발견된다. 물론 성경 원어에는 그렇게 번역하라는 지시가 없다. 거기에는 엄연히 목자로 기록되어 있다.

스승 '사(師)'라는 글자가 잘못되었거나 나쁜 뜻은 없다. 그리고 나쁘게 쓰이는 것도 아니다. 그렇다고 해도 뜻이 바르게 쓰이지 않으면 쓰지 않은 것만 못하다. '목자(牧者)'를 '목사(牧師)'로 번역하였다면 그만한 이유가 있을 것으로 믿는다. 그러나 세계 여러 나라 언어 가운데 우리 말 성경에만 다르게 번역되어 있다면 생각이 조금 달라질 수도 있지 않을까 싶다.

목사, 즉 스승 '사(師)'로 번역한 것은 원본과 다르다는 것이 마음에 걸린다. 아마도 중국어의 영향이 아닐까 싶다. 이 말은 성경의 오류를 지적하려는 것이 아니다.

성경 원어를 직역하지 않고 의역으로 번역한 경우가 아닐까 싶다. 성경에는 그런 식으로 번역한 곳을 흔하게 볼 수 있다. 오히려 그렇게 한 것이 이해하기에 더 좋을 수도 있다. 다만 해석상의 혼란은 야기시키지 말았으면 좋겠다.

이런 것이 중국어의 영향이라고 말 하는 것이 좋겠다. 나라마다 자기들이 이해하기에 가장 쉽고 빠른 방식이 있을 것으로 생각한다. 그러나 원어 그대로 '목자'라고 번역하는 것이 더 바른 표기가 아닐까 싶은 생각은 어쩔 수가 없다. 중국식으로 표기하는 것은 중국 사람에게는 아무 잘못이 없다. 우리는 우리 식으로 성경을 있는 그대로 쓰는 것이 성경의 권위를 위하여 더 좋을 것 같다.

성경을 읽다 보면 가급적 원문 그대로 번역했더라면 좋았을 뻔 했다고 생각되는 곳이 여러 개 있다. 목자(牧者)와 목사(牧師)는 문자적으로 보면 크게 다르게 생각할 수도 있다. 양을 먹이는 목자는 스승과 아무 관계가 없다는 뜻이다. 목자(牧者)를 목사(牧師)로 번역하려면 상당한 해석의 과정이 필요했을 것 같다. 단순한 작업은 아니었던 것 같다. 성경은 전달이 단순할수록 정확하다.

원문대로 번역하여 읽는 독자가 뜻을 새겨 읽는 것이 더 바람직하다. 중국 문자는 뜻 글이 되어 그렇게 하기가 어렵다. 그러나 우리 글은 그렇지 않다. 잘못하면 본 뜻을 크게 벗어날 위험도 있다. 쉬운 예로 '땅의 소금'을 '세상의 소금'으로 번역한 사례이다.

예수님께서는 분명히 밭에 들어가는 거름으로 소금을 말씀하셨다. 그런데 많은 목사들은 식탁에 쓰는 간 맞추는 조미료라고 한다.

에베소서 4장 11절에 목자(牧者)는 목자(牧者) 그대로 번역했더라면 참 좋을 뻔했다. 굳이 목자(牧者)로 기록되어 있는 원문을 목사(牧師)로 번역할 이유를 설명하기가 구차스럽지 않을까 싶다. 본문 끝자락에 '목자(牧者)와 교사(教師)로 주셨으니'를 '목사(牧師)와 교사(教師)로 주셨으니'로 번역하여 목자의 의미를 강조한 것 같이 이해가 된다.

목사에게 가르치는 책임을 주입시킨 뜻이라면 이해하고도 남는다. 그러나 스승은 직업인이라는 사실도 참작했더라면 그러지는 않았을 것이라는 생각은 배제할 수가 없다. 가르치는 자라면 단연 부모를 우선으로 꼽는 것이 정확하다. 부모 중에도 모성이 더 우세하다. 성경에 보면 사도 바울은 모성애로 교인들을 양육하였다. 그런 정서라면 목사보다 훨씬 더 적합한 말이 목자(牧者)이다. 스승 '사(師)'를 쓴 것은 의사(醫師)와 같이 전문직을 나타내기에는 무난한 표현일 수도 있다. 또는 요리사, 미용사, 마술사처럼 기술직을 나타낼 때도 스승 '사(師)'를 쓴다. 그렇다면 목사는 당연히 전자에 속한다는 것은 의심할 여지가 없다.

그런데 스승이 높다고 생각한다면 예수의 정신을 크게 벗어날 위험이 발상한다. 더구나 직업인으로 이해한다면 적지 않은 부담이 되기도 한다는 말이 된다. 우리 나라 사람들은 군사부일체(君師父一體)를 잘 알고 있다. 스승은 존경 받는 높은 권위자라는 것을 좋은 뜻으로 쓰고 있다. 그런 맥락에서 많은 사람들은 자연스럽게 목사를 높은 사람으로 알게 되었다.

예수님께서는 제자들에게 '너희는 랍비라 칭함을 받지 말라. 너희 선생은 하나요 너희는 다 형제니라'(마

23:8)라고 당부하셨다. 예수께서 스승은 나 하나로 족하다고 제한하신 것은 단순한 뜻이 아니다. 목사가 스승으로 존경을 받으려고 한다면 복음의 길로 가기는 어렵다. 예수님의 방침은 언제나 선명하시다. 너희는 같은 형제라고 그 이유를 알아 듣게 밝혀 주셨다.

그렇다면 목사가 스스로 높다고 생각하는 것은 죄가 될 수밖에 없다. 그럼 왜 스승이 되지 말라고 하셨는지 그 뜻을 알면 모든 이해가 분명하게 된다. 그것을 모른다면 목사직을 바로 이해할 수 없을 것 같다. 스승의 의미를 사전적으로 이해한다면 다른 길로 빠지게 된다. 다만 예수님 당시의 스승의 의미를 알아야 스승을 경계한 이유가 확실하게 이해된다. 예수님 당시에 스승에 대해 성경에서는 아주 상세하게 설명하고 있다.

내가 속 좁은 편견으로 스승을 악평하는 것이 아니다. 그러나 하나님의 아들 예수 그리스도에게 한 짓을 보면 명백해진다. 스승들의 죄는 하늘도 땅도 분노할 정도로 죄질이 나빴다. 당시 스승들은 성경의 권위자를 가리킨다. 그들은 성경에 정통한 최고 지식인으로 대우를 받았다. 그런 자들에 의해서 예수님은 참살당했다.

어떻게 성경에 예언된 하나님의 아들을 성경을 연구하는 성경학자들이 죽인다는 말인가? 성경을 거꾸로 알고 있는 스승들을 어떻게 스승이라 했는지 모르겠다. 그들이 교만했기 때문에 눈이 어두워졌던 것이다. 그렇다면 스승보다 더 위험한 인물은 없다. 그리고 스승보다 더 고집스러운 존재도 없다. 예수님의 말씀 한 마디 한 마디를 붙잡고 끝까지 물고 늘어졌다.

그래서 순진한 민심조차 자기들 편으로 돌려 놓고 말았다. 그런 엄청난 악역을 스승들이 맡았다. 예수님은 스승들 때문에 죽은 것이나 마찬가지였다. 그래서 '너희는 스승이 되지 말라'고 하셨던 것이다. 그런 귀중한 경고를 지금 우리가 짓밟는 꼴이 되었으니 어떻게 목사의 죄를 말하지 않겠는가? 예수님은 처음부터 스승과는 인연을 맺지 않았다.

그래서 처음부터 어부들을 부르셔서 장차 '사람을 낚는 어부'가 되라고 하셨다. 사마리아에 가셨을 때는 추수하는 일꾼을 보내 달라고 하나님께 구하라고 하셨으니 그 말의 뜻은 농부를 가리킨다. 그리고는 양을 먹이는 목자를 일꾼으로 세우셨다. 예수님께서 부르신 천국 일꾼은 어부, 농부 외에는 다른 명칭이 없다. 목자는 농부에 속한다고 봐도 된다.

'하늘을 찌른다'는 말은 있으나 누가 감히 그럴까 싶었을 것이다. 그런데 하늘을 찌른 자가 있었으니 그가 스승이었다. 일본 말에 '엠빠이와 센세이나리'라는 말이 생각난다. 일제 시대에 나는 초등 학생이었다. 그 시절에 아이들이 야구할 때 쓰던 말이다. '심판은 선생이다'라는 뜻이다. 어떤 결정이든 선생이 하면 끝이라는 선언이었다. 이 말은 야구를 하다가 판정에 불만이 생겼을 때 쓰는 말이다.

지금도 그런 막강한 결정권자가 있으니 그 사람이 곧 스승이다. 그들은 하나님을 거역하고 그의 아들을 정죄하여 사형에 처하도록 결정하였다. 스승의 오만이 지금 이 시대에는 사라지고 없을까, 아니면 아직 남아 있을까. 깊이 생각해 볼 일이다. 만일 남아 있다면 그 앞줄에 목사도 서 있을 것으로 생각한다.

그래서 나는 '사(師)'가 들어가는 목사가 좋게 느껴

지지 않는다. 오히려 두렵고 부담스럽다. 차라리 집사처럼 '사(事)'로 된 '목사(牧事)'였으면 얼마나 편하고 좋을까 싶다. 사도들을 보노라면 더 명백하게 알 수 있다. 사도들은 자기가 스승이라고 하지 않았다. 항상 '주의 종'으로 자처했다. 교인들에게는 항상 형제라고 공손하게 부르기를 좋아했다.

사도라는 칭호도 우리 말의 뜻은 '무리 도(徒)'이다. '무리 도(徒)' 와 '스승 사(師)'는 비교가 되지 않는 말이다. 이런 것이 사도의 정신이다. 사도를 기준하여 목사직을 이해하여야 한다. 사도들은 말로만 아니라 종처럼 자기를 낮추어 남을 섬기며 살았다. 목사도 역시 주의 종이라고 자타가 인정한다. 그렇다면 사도적 정신과 인품을 갖추어야 마땅하다.

4. 목사가 교인을 실족하게 할 때

내가 전도사로 섬기던 교회에서 직접 겪었던 스승에 얽힌 이야기이다. 그 교회에서 가장 존경 받는 김영수라는 어른이 있었다. 옛날 교회에 영수라는 직분이 있었을 때의 사연이다. 그분은 교회를 건축할 때 교회의 재정을 맡아서 섬기고 있던 성실한 교인이었다. 건축 헌금을 따로 관리하던 시대가 아니라 교회 재정으로 건축을 하게 되었다. 그분은 어려운 교회 살림에도 정성을 다하여 훌륭하게 교회 건축을 완성시켰던 공로자였다. 그의 끈기와 노력을 아무도 따를 자가 없었다. 열악한 사정에도 묵묵히 공사를 추진시켜 교회를 완공했다.

공사가 중단될 위기에 처할 때마다 교인들에게 말하지 않고 자기 사재를 들여 공사를 했다. 자기로서는 원

없이 충성을 바쳤다.

이듬 해 봄에 당회장의 순회가 있었다. 교인들은 이 번에는 교회 건축에 수고한 성도들에게 칭찬과 상을 내릴 것이라는 소문까지 나돌았다. 마땅히 상회에서 그런 일로 교회를 순회하는 줄 알고 있었다. 상회로부터 재정을 지원 받은 것은 한 푼도 없었기 때문이다. 교인들의 힘으로 헌신한 데 대한 격려 차원에서도 무슨 대우이든 있을 것으로 기대했다. 건축 도중에 큰 사고까지 있었기 때문이었다. 건축 도중에 사고가 생겨 김영수의 목뼈가 부러지는 피해를 입었다. 그 사고로 김영수는 목을 45도밖에 펴지 못하고 한쪽 발목이 부러져 절면서 불구자로 평생을 살았다.

목사의 순회 중에 건축 보고를 하던 중이었다. 김영수는 꼼꼼하게 적은 자기 재정 장부를 내놓았다. 재정 장부가 건축 보고의 전부였다. 거기에 적힌 것이 건축 내용의 전부였다. 부기법을 배웠을 리가 없는 김영수의 장부는 엉성했다. 목사는 문서가 마음에 들지 않는 듯 여러 번 뒤척이기만 했다. 재정을 어떻게 집행했는지 그 내용을 검사한 것이 아니라 장부를 검사한 것 같았다. 농사밖에 모르는 농사꾼을 장사꾼으로 착각한 꼴이 되어버렸다.

그렇다면 직접 본인에게 구두로 보고하도록 지시를 하면 될 일이었다. 그리고 미흡하면 조목조목 물어서 대답을 들으면 될 일이었다. 목사는 장부를 문제 삼아 비리를 저지른 죄인을 다루듯 했다. 함께 배석했던 제직들도 목사의 처사에 감정이 상했다.

준공 검사 같은 구속력이 있는 검사관이 아닌 목사가 월권을 한 것이다. 그 자리는 교회의 상황을 보고하여 교회의 발전상을 알려 교인들의 노고를 치하하는 자리였다. 목사는 무슨 권세 있는 감독관처럼 교인들을 무시했다. 마치 훈장처럼 말이다.

급기야 목사는 김영수의 면전에다 장부를 내던지면서 이것이 무슨 장부냐고 성질을 부렸다. 하늘이 무너지는 것 같은 참담한 순간이었다. 김영수는 비통한 표정으로 그 자리에서 일어났다. 질문 한 마디 없이 자기 혼자 정죄를 하고 말았다.

목이 메인 김영수는 떨리는 소리로 "나는 도둑이 아닙니다"라는 말을 남기고 자리를 떴다. 칭찬은 아니라도 그 동안 교인들이 수고하여 이런 교회를 지었다는 자랑을 하는 자리였건만 심판을 받게 될 줄은 미처 몰랐던 것이다. 집으로 가는 동안 내내 통곡을 하면서 휘청거렸다. 어떻게 이런 날이 올 줄 알았겠느냐면서 분노를 억제하느라고 실성한 사람 같이 되었다. 불편한 몸을 끌고 갈 기력조차 거덜난듯 걸음을 제대로 옮기지도 못했다. 그는 겨우 가족의 부축을 받으면서 집에까지 가서는 실신하고 말았다. 그 후로 그는 평생 교회와 발을 끊었다.

내가 그 교회에 부임했을 때는 그와 상종하는 교인은 아무도 없었다. 나도 문전 박대를 몇 번이나 받고서도 면회를 하지 못했다. 그렇게 낙심 중에 있는 옛 교인이 출석 교인의 수보다 훨씬 더 많았다.

나는 그 교회 창립 49주년 되던 해에 전도사로 단독 목회를 하게 되었다. 이듬해 희년을 앞두고 50년사를 편집하면서 겨우 그와 대화할 기회를 얻었다. 그제서야 그 원통한 심정을 조금이나마 짐작할 수 있었다. 성경에는 그런 목사를 어떻게 표현하는지 모르겠다.

혹시 '양을 훑는 자'라고 했을지, '양을 쫓는 자'라고 했을지, '양을 곁길로 가게 하는 자'라고 했을지도 모르겠다. 스승의 교만은 예나 지금이나 크게 달라진 것 같지 않다. 앞으로도 스승 같은 지체 높은 목자가 양을 학대하고 미워하고 내쫓게 될 것이 걱정된다.

목사는 사도들의 뒤를 이어가는 주의 종이다. '종의 도(道)'가 곧 '목사의 도(道)'이다. 끝없이 높아지려는 유혹이 목사의 길을 굽게 하는 것 같다. 목사가 얼마든지 좋은 대우를 받을 수는 있다. 그런 것을 비난하려는 뜻이 아니다. 예수님이 너희는 다 형제니라 하신 말씀을 단 한 번만 생각했더라면 그런 일은 없었을 것이다.

교인들이 교회를 많이 떠나고 있다는 통계를 보았다. 미국에서도 한인 교인들이 미국인 교회로 옮겨 가는 숫자가 늘고 있다. 그 원인을 제공하는 자가 목사라는 소리는 듣지 말아야 하겠다. 모쪼록 하나님의 머슴 같은 좋은 목사(牧使)로 천사(天使)와 같이 교인들 곁에 남았으면 좋겠다.

5. 목사에게 성도를 꾸짖을 자격이 있을까?

어느 날 나는 황당한 전화를 받았다.

"목사님의 아버님을 이곳에서 보호하고 있습니다. 오셔서 모시고 가십시오."

집에서 좀 떨어진 파출소에서 온 전화였다. 경찰은 사유는 말하지 않고 그대로 전화를 끊었다. 연로하신 아버지께서 무슨 일로 파출소에 가 계시는지 도무지 감이 잡히지 않았다. 거리에서 사고라도 났었다면 응당 병원 같은 데서 연락이 왔을 것이다. 자꾸만 불안한 생각이 들어서 나는 든든한 친구를 불러내어 동행했다.

가서 보니 아버지는 아무 일이 없었던 듯이 의자에 편하게 앉아 계셨다. 담당경관이 설명을 해 주었다.

"부친께서 이곳에 오셔서 집을 찾아 달라고 부탁하

셨습니다. 그래서 집이 어디에 있는지 물었더니 그것을 모르겠다고 대답하셨습니다. 그래서 다시 무엇이든지 아는 대로 말씀해 보시라고 청했습니다."

아버지께서는 그 지역에서 상당한 세월을 사셨다. 늘 다니던 길을 왜 모르셨는지 의아했다. 아무 단서가 없으니·담당경찰이 이런 저런 질문을 던져 보았던 모양이다.

"아드님이 무슨 일을 하십니까?"

"목사요."

아버지는 그렇게 대답하면서 내 이름을 댄 것 같았다. 경관은 곧바로 연락이 닿는 교회로 전화를 걸어서 내 이름을 확인했고 그 길로 나에게 연락이 온 것이었다. 담당경관에게 나는 감사 인사를 하고 아버지를 모시고 나왔다. 아버지의 증세는 치매는 아니었고 일시적인 건망증 같았다.

밖으로 나왔더니 내 친구와 다른 경찰관이 말다툼을 하고 있었다. 내 친구가 주차 위반을 한 것 같았다.

"지금 내 친구가 파출소 안에서 일을 보고 있습니

다."

"그것은 이유가 되지 않습니다."

"미안합니다. 주차금지 표지판을 미쳐 보지 못했습니다."

내 친구가 사정을 했으나 경찰관은 꾸중을 심하게 한 것 같았다. 처벌로 벌금 티켓을 끊으려면 꾸중은 말았어야 했다. 경찰관은 실컷 꾸중을 한 뒤에 말했다.

"면허증을 제시해 주십시오."

"아니요, 그럴 수는 없습니다."

친구는 경찰관의 요구를 거부했다.

"벌을 두 번씩이나 받을 이유가 없습니다. 꾸중도 엄연한 벌인데 그 벌을 다 받았으니 당신은 벌을 더 줄 자격이 없습니다."

친구가 이렇게 맞서자 화가 난 그 경찰관은 언성을 높이면서 완강하게 굴었다.

"도대체 경찰관을 어떻게 보는 것이요?"

"바로 당신이 경찰관이기 때문입니다."

내 친구는 꼿꼿하게 대답했다.

"기어이 당신이 벌금 티켓을 끊겠다면 나는 경찰서

장에게 가서 항의할 수밖에 없습니다.”

친구가 맞불을 놓자 그제서야 그는 나와 내 친구를 번갈아 흩어보더니 마음을 가라앉히고 말했다.

“가도 좋소.”

나는 그 날 ‘당신은 그럴 자격이 없다’는 친구의 말에서 참 귀중한 것을 배웠다. ‘경찰관이 벌금을 부과할 권리는 있으나 꾸중할 권리까지 있는 것은 아니다’라는 것이었다.

요즘 학교에서 체벌 시비가 심각하다. 가르칠 권리와 벌 주기라는 두 가지 권리의 충돌은 참 묘한 것 같다. 내 생각은 체벌도 괜찮다는 쪽이다. 매를 스승에게 맞는 것은 교육의 연장일 수 있다. 그런데 문제는 스승에게 있다. 매 한 대도 스승에게는 맞기 싫다는 스승의 권위가 실종된 것이다. 어쩌다가 이 지경이 되었는지 모르겠다.

나도 역시 꾸중할 자격이 있는지 모르겠다. 아무리 생각해도 그럴 자격은 없는 것 같다. 그런데 이 일을 어쩌면 좋단 말인가? 나는 벌써 많은 사람에게 부당하게 꾸중을 했기 때문이다. 지금이라도 사과하고 싶다. 이것은 진심이다. 여기에 그 이름까지 다 기록할 수 있다. 어느 교회에 있을 때의 일인지 잊지 않고 있다.

그때 무슨 일로 누구에게 그렇게 했는지 그것까지 기억하고 있다. 그러나 차마 그 이름은 밝히지 못하겠다. 꾸중을 할 때는 물론 화를 냈을 것이다. 그 일이 얼마나 부끄러운 일인지 지금에 와서 뉘우치자니 민망하기 그지없다. 내 친구가 경찰관에게 꾸중할 자격이 없다는 그 소리는 나에게 한 말 같다. 그래서 자주 꾸중했던 교인의 얼굴이 떠오른다.

나는 그럴 자격이 없다. 뭘 잘한 게 있다고 그랬는지 죄송할 뿐이다. 꾸중을 들었던 교인들에게 목사는 그럴 자격이 없다는 말을 차마 하지 못했다. 그래서 더욱 가슴 아프다. 억울해도 소리 한 번 지르지 못하고 반항도 못하는 것이 교인이다. 나는 스스로 그런 고백을 한다.

'아무, 아무개는 큰 잘못이 없었는데 내가 야단치고 화풀이를 한 것이 죄송하다.'

그럴 때마다 아내는 나를 측은한 눈으로 바라보며 꼬집는다.

"그걸 이제야 알았어요?"

목사와 교인의 관계를 물어 본다면 답은 두 가지로 다르게 나타날 수 있을 것 같다.

목사의 답은 '양을 맡아서 먹이는 책임자'라고 할 것 같다. 아니면 '하나님의 양 무리를 맡은 청지기'라고 하던가? '교회와 교인을 지도하는 감독'이라 할 것도 같다.

그렇다면 교인의 답은 어떨지 궁금하다. 대다수의 교인들은 자기들의 '신앙을 지도하는 하나님의 사자'라고 하지 않을까 싶다.

목사는 그 절대다수의 신임 때문에 그들에게 맞추어 목회를 한다. 그런데 견해가 다른 소수의 교인은 외면 당하기 쉽다. 그 소수의 교인들은 목사를 신성시 하지 않는다. 고작 설교를 해 주고 밥을 먹는 직업인으로 볼지 모른다. 또는 모두 같은 고등 교육을 받고 각기 자기 전공을 따라 일을 한다고 생각한다. 비록 신학은 아니라도 자기들의 전공도 하나님과 무관하지 않다고 믿는다.

아주 틀린 말은 아니다. 그래서 현대 목회는 옛날과는 전연 다르다. 그런 소수의 생각은 불순하고 불신앙적이라고 판단하는 목사도 있다. 그런 것을 견해의 차이라고 보는 목사도 있다. 전자의 경우는 교회에서 퇴출이 불가피하다고 생각한다. 후자의 경우는 개인의 견해를 존중하여 충돌을 피하고 그들의 신앙 지도에 더욱 힘쓴다. 예수님의 목회는 후자 쪽이다.

양 백 마리를 먹이는 목자가 한 마리를 잃었다. 목자는 99마리를 들에 놓아 두고 한 마리를 찾아 나선다. 목자는 잃어버린 양을 찾을 때까지 노력하여 결국 찾는다. 그렇게 찾은 양을 어깨에 메고 즐겁게 돌아온다. 그 한 마리는 99마리의 양보다 못난 양이다. 99마리를 내버리고 한 마리를 찾은 것이 아니다. 99마리는 건강한 양, 그냥 두어도 걱정 되지 않는 양이다. 여기에 예수님의 목자적 성향이 드러난다.

많은 목사들은 그냥 두어도 될 교인과 돌보지 않으면 안 될 교인을 혼동한다. 교인들 중에 절대 다수는 가만 놓아 두어야 할 교인들이다. 자기들이 알아서 교회 방침을 따라갈 능력이 있다. 반면에 그렇지 않는 교인들이 있다. 그런 교인들 때문에 목사가 할 일이 있는 것이다.

한번은 어느 교회에서 딱한 광경을 보았다. 자기 교회 목사가 듣는 데에서 한 성도가 소란을 피웠다.

"내 십일조 안 먹은 목사 있으면 나와 보라고 해!"

얼마나 큰 소리를 지르던지 모두들 겁에 질려 보고
만 있었다. 교회 직원들 간에 무슨 경제 문제가 있었던
자리 같았다. 좀 무례하다는 생각이 들었다. 나는 그 일
과 직접 관계가 없었지만 한 마디 충고를 했다.

"목사는 하나님의 것을 받습니다."

"아닙니다. 그 돈은 제 돈이었습니다."

그는 물러서지 않았다. 아주 틀린 말 같지는 않았으
나 헌금은 하는 그 순간에 하나님의 것이 된다는 것은 모
르는 것 같았다.

절대 다수의 목사들은 정신 상태가 건강하다고 믿는
다. 그러나 소수의 목사들이 교회의 명예를 훼손하지 않
나 싶다. 그 소수의 영향이 절대 다수의 힘보다 더 우세
할 수도 있다. 그 영향력이 점차 확산되는 날 교회의 위
기는 불가피할 것이다. 교인과 목사 사이가 불편하다면
어느 쪽에 문제가 있다고 볼지 모르겠다. 나의 어머니도
교인이다. 나는 어머니의 의견을 존중한다. 어머니는 기
회가 있을 때마다 내게 이렇게 상기시켜 주셨다.

"교회에서 일어나는 모든 불화의 책임은 목사에게

있다. 너는 하나님의 종이니 하나님의 머슴이다. 교인은 하나님의 자녀다. 너는 머슴이므로 주인집 아들에게 꾸중할 자격이 없다. "

어머니는 목사인 자기 아들에게 진실한 말을 했으리라 믿는다. 머슴 중에 임금님 머슴은 벼슬이 있다. 그런데도 임금님의 아들에게 꾸중을 하지는 못 한다.

목사도 하나님의 머슴이니 벼슬을 했다고 생각할지 모르겠다. '그래도 어찌 머슴이 주인집 귀한 자식을 꾸짖을 수가 있다고 하겠느냐?'라고 하시면서 목사의 자격론을 일러 주셨다. 내가 쓴 어머니의 목회학은 내가 어머니를 교인의 대표처럼 존중하고 싶었기 때문이다. 교회에 앉아 있다고 다 교인은 아니다. 내가 교인이라고 생각하는 사람은 신앙인을 말한다.

꾸중뿐 아니라 화를 내는 경우도 마찬가지다. 화를 내는 것이나 꾸중하는 것이나 별로 다르지 않다. 우선 심리 상태가 같다. 그리고 당하는 쪽의 감정의 파장이 같을 것이다.

한번은 내가 화를 냈다가 수습하느라고 곤욕을 치른

일이 있었다. 그날 나는 어처구니 없는 일을 벌여 놓고도 집에서 아이들과 놀고 있었는데 초인종이 울렸다. 나가 보니 뜻밖에 손님이 방문했다. 우리 교인의 남편인 모 회사 P사장이었다.

P사장은 교인이 아니었다. 그런데 밤에 나를 찾아 왔으니 어찌 된 영문인지 가슴이 철렁 내려 앉는 기분이었다. 부부가 함께 오긴 했으나 평소에 쾌활하던 부인의 표정이 심상치 않았다. 고개를 푹 숙이고 뒤따라 온 그런 모습은 처음 보는 사람 같았다. P사장의 표정에는 조금도 불편한 느낌이 없었다. 내 방에 들어 와 앉을 때까지도 나는 아무것도 느끼지 못했다.

나는 정중하게 인사를 했다. 내가 심방 갔을 때 P사장을 한 번 본 적은 있었다. 그러나 그가 내 집에 찾아올 일은 전혀 없었다. 긴장을 하고 있는 중에 P사장은 내 앞에서 무릎을 꿇었다. 나는 정신이 아찔했다. 무슨 말을 하려고 그러는지 나는 몸 둘 바를 몰랐다. 어떻게 이런 일이 있단 말인가. 자기 부인이 낮에 나에게 잘못한 죄를 용서해 달라고 빌었다.

낮에는 외출도 없었다. 교인들을 만나지도 않았고

아무 일도 없었다. 그래서 더욱 당혹스러웠다. 그 남편은 자기 부인이 나에게 화를 나게 만들었다고 했다. 그래서 내가 자기 부인에게 꾸중을 했다는 것이다.

그제서야 무슨 일인지 알 것 같았다. 도리어 내가 잘 못한 것이라고 빌었다. 집사들이 뭉쳐 다닌다고 싫은 소리를 한 것은 사실이었다. 그런데 그 동기는 달랐다. 같은 또래의 아줌마들이 교회 여전도회 임원이라고 뭉쳐서 점심을 먹게 되었던 모양이다. 누가 먼저 제안했는지 나를 불러내어 같이 점심을 먹었으면 좋겠다고 한 것이 화근이 되었다. 그 연락을 한 장본인이 자기 부인이 되었던 것뿐이었다. 점심을 먹으러 오라는데 가면 될 것을 왜 화가 났단 말인지 알 수가 없다. 싫으면 곱게 사양을 하면 될 일이지 화를 낼 일이 아니었다. '적반하장(賊反荷杖)'이란 이럴 때 쓰는 말 같다.

"내가 생각해도 그건 제 잘못입니다. 그런데 사과는 무슨 사과입니까?"

내가 도리어 빌었다. P사장이 자초지종을 이야기했다.

"제가 퇴근하여 집에 도착해 보니 아내가 울고 있었

습니다. 아내에게 까닭을 듣고 나니 목사님께 용서를 빌어야 할 것 같아서 함께 왔습니다. 아내의 잘못은 남편된 저에게도 책임이 있습니다."

별 일이 아닌 것을 너무 확대시킨 것 같아 죄송했다. 나는 또 다시 사과했다. 아무리 갑작스럽게 밥을 먹으러 오라고 해도 화를 낼 이유는 없다. 사양하면 된다. 비록 정중한 격식은 갖추지 않아도 불쾌할 일은 아니었다. 아무 준비도 없이 뜻밖에라도 초대할 경우가 생겼으면 못 받아 줄 이유가 없다. 선약이 있었거나 이미 식사를 했다면 사실대로 알려 주면 피차에 좋을 일이다. 그런데 나는 왜 제 정신으로 화를 냈는지 모르겠다. 무슨 이유라도 있었을 것 같기는 하다. 아마 즉흥적으로 친구들끼리 장난하듯 하는 짓거리 같아서 화가 난 것 같다. 그만 싸돌아다니고 집에 들어가라고 한 마디 한 것이 발단이 되었다. 그렇다고 남편이 사과하는 것은 드문 일이다. 오히려 '당신이 뭔데 남의 부인에게 야단 치느냐?'라고 해도 할 말이 없다. 또 '대접을 하겠다는데 싫으면 거절할 일이지 그것이 야단을 칠 일이냐?'라고 대들어도 변명할 여지가 없다.

그런데 나한테 와서 사과까지 하다니 알 수 없는 일이었다. 그 P사장은 교회에 다닐 가능성은 없다고 판단했다. 워낙 깐깐했기 때문이다. 교회라는 데는 그런 사람이 와서 보면 너무 엉성하지 않을까 싶었다. 그 날 일만 보아도 알 것 아닌가 싶다. 그런데 이상한 것은 나의 상상을 완전히 뒤엎어 버린 변화가 일어났다. 그 깐깐한 P사장이 그 교회에 나오게 됐다는 것이다. 그뿐 아니라 그 교회에서 장로가 되었다. '어떻게 된 일이냐'고 묻고 싶을 것이다. 나는 잘한 것이 없다. 그런데 그 교인이 좋은 교인이었다. 교인이 목사를 어떻게 보고 있는지 어떻게 대하고 있는지 그것이 압권이었다. 그러나 그런 좋은 교인을 몰라보고 야단이나 쳤으니 몰라도 너무 몰랐다는 생각이다. 집에 가서 식음을 전폐하고 울고 있는 그런 순진한 교인을 몰라 봤다.

그런 것도 모르는 목사가 자기 교인을 '싸가지가 없다'고 호통을 쳤으니 말을 해서 뭘 할까 싶다. 지금도 교인을 바로 보는 안목은 장담할 수가 없다.

6. 선한 목자와 못된 목자

성경에 명시된 목자는 '선한 목자'와 '못된 목자' 두 종류이다. 선한 목자는 양을 위하여 목숨을 내어 준다고 기록했다. 반면에 못된 목자에게는 엄중한 경고가 여러 곳에 기록되어 있다. '양을 학대하고, 양을 내쫓고, 양을 굶기고, 자기 이익만 도모하고, 자기 배만 채우고, 자기 몸만 살찌우는 자'라고 했다. 그런 목자에게 내려지는 벌은 가혹하다. 자기가 양을 먹이는 목자인 것을 망각하고 마치 큰 스승인줄 착각하는 목사에게 그 경고가 해당 된다. 그런 위험은 스승이 되지 말라고 하신 예수님의 경고를 가볍게 여겼기 때문이다.

목사는 천국 복음을 전파하니까 비범한 대사(大師)와 같다고 생각할지 모르겠다. 그러나 예수님께서는 자기 제자들에게 너희는 '어부와 농부'(마 4:19)라고 말씀하셨다. 누누이 평범한 일꾼이라는 것을 강조하셨다. 심지어 '내 아버지도 포도원 농부'(요 15:1)라고 하셨다. 평범한 가치를 최대의 가치로 묘사한 곳이 성경에는 너무나 많다. 구약에서 가장 유명한 시편 23편 다윗의 시에는 "여호와는 나의 목자시니"라고 기록하였다.

세상에는 평범한 사람이 가장 많다. 하나님의 관심은 평범한 사람들에게 집중되어 있다. 예수님의 일생도 평범한 사람들을 위하여 바치셨다. 특별하거나 비범한 것은 평범한 것보다 상위에 있는 것이 아니다. 특별한 것은 평범한 것을 위하여 있는 것이다. 하나님은 평범한 자의 하나님이라고 말하는 학자도 있다.

예수께서 부활하신 후에 베드로에게 세 번씩이나 다짐하시기를 "네가 나를 사랑하느냐?"라고 물으셨다. 이 본문을 잘못 해석하는 목사가 많은 것 같아 안타깝다. 세 번이라는 숫자는 매우 뜻이 깊다. 같은 말을 같은 장소에서 같은 사람에게 반복한 것은 그 일이 그만큼 중요하다는 뜻이다. 그리고 또 그 만큼 어렵다는 뜻이기도 하다.

여기서 많은 설교자들이 크게 착각하고 있다. 베드로가 전날 밤 대제사장의 집 뜰에 몰래 들어갔었다. 그곳에서 하인들에게 자기 스승을 모른다고 세 번 부인한 사건이 있었다. 그 사건과 베드로에게 사명을 부여하는 사건을 연관 짓는 것은 말이 되지 않는다. 그런 엉터리 해석은 성경 모독죄에 해당한다. 그것은 있을 수 없는 일이며 부끄러운 일이다. 예수님의 뜻과는 전혀 상관 없는 무지한 발상이다. 어느 정도 말이 되는 근거라도 있다면 모르겠다. 간혹 해석상의 작은 문제라고 가볍게 취급하는 사례도 적지 않다. 그러나 그 두 가지 사건은 전혀 관계가 없다. 더구나 그 세 번은 예수께서 미리 일러 주셨던 예상한 일이다. 베드로가 그렇게밖에 할 수 없을 것이라고 예고하셨던 일이다. 그것은 아무 문책거리가 되지 않는다는 뜻이다. 재판정에서 부인한 것도 아니고 예수를 증거 해야 할 증인석에서 고의로 기피한 사건도 아니다. 자기가 살아 나려고 스승을 배반한 것은 더욱 아니다. 스승의 재판에 나쁜 영향을 끼치게 될 것이 두려웠던 베드로였다. 스승의 안전을 위하여 자기가 맞아 죽을 각오로 거짓말을 한 것이다.

법정에서는 제사장의 일당들이 예수를 죽이려고 온 갖 거짓을 총동원했다. 거짓 증인을 회유하고 매수하여 법정에 끌어들였다. 법정 바깥에서는 예수를 살려 보겠다고 베드로가 세 번이나 거짓말을 했다. 이것이 전부이다. 성경을 제대로 봐야지 남들이 그런다고 따라서 흉내를 내어서는 목사답지가 않다.

베드로는 입으로 예수를 부인하지 않았다. 하인들이 추근대는 꼴이 아니꼽고 속이 틀려 나는 너희들의 소리를 알아 듣지도 못하겠다고 거짓말한 것은 사실이다. 베드로는 하인들을 거부한 것일 뿐 예수께는 아무 해도 끼친 사실이 없다. 성경은 그렇게 자세하게 베드로의 진실을 기록하고 있다.

누가 뭐라 해도 예수님께서는 베드로를 아끼셨다. 그래서 미리 아시고 마음에 각오를 단단히 하라고 경고하셨다. '네가 거기까지 나를 따라오겠다면 알고나 가라'라고 일러 주셨다. 그것도 아주 세밀하게 세 번이라고 밝혀 주셨다. 그리고 그 시간까지 정확하게 알려 주셨다. 당황하여 더 큰 사고라도 저지를까 봐 꼼짝도 못하게 행동 반경을 정해 주셨다. 그것은 베드로의 안전을 위하여 사전에 면역을 시키고 있는 값비싼 조치라 할 수 있다. 성경을 조금만 깊이 볼 줄 안다면 그 정도는 충분히 알고도 남는다. 그런데 이 글을 읽는 사람들 중에서도 반감이 생길지 모르겠다. 워낙 깊게 세뇌가 되어 머리가 마치 시멘트처럼 굳어 버렸기 때문이다. 그런 편견으로는 성경을 바로 이해하기가 어려울 것이다.

주님께서 최대 과업의 사명을 발표하는 그 자리는 거룩한 자리이다. 그런 엄숙한 자리에서 어젯밤 베드로의 아픈 상처에 고추 가루를 뿌리실 주님이 아니시다. 그렇게 말한다면 예수님을 모독하는 짓이 아닐까 싶다. 제자의 약점이나 실수를 꼬집을 스승이 어디 있단 말인가? 예수님을 그런 수준으로 본다면 예수를 믿는 사람이 맞는지 묻고 싶다.

'내 양을 먹이라'는 뜻이 어떤 것인지 그 뜻을 묵시적으로 전달했을 가능성은 있다. 나의 생각은 성경에 나타난 대로 선한 목자이신 예수님께서 이렇게 말씀하시지 않았을까 싶다.

첫째, 너만은 양을 버린 '못된 목자'가 되지 말아라.

둘째, 너만은 자기 배만 채우는 '몰지각한 목자'가 되지 말라.

셋째, 너만은 양을 돌아 보지 않는 '우둔한 목자'가 되지 말라.

이런 각오로 목자가 되려면 반드시 지켜야 할 것을 알아야 한다. 그것이 곧 나를 사랑하는 것이다. 좋은 목자로 '내 양을 먹이라'는 거룩한 위임식이다. 그런 거룩한 시간에 어찌 말도 되지 않는 상상을 하는지 한심스럽다.

가야바의 집 사건과 이 큰 사명을 연관 짓다니 통곡하고 싶을 뿐이다. 어디서 시작된 잘못인지 모르겠다. 누가 그런 허튼 소리를 퍼뜨려 수많은 목회자들을 그런 꼴로 만들었는지 그 책임을 묻고 싶다. 나도 젊었을 때는 그렇게 설교하고도 아무 가책을 받지 않았다. 어떤 설교자는 부활의 주님과 제자들이 모인 바닷가의 장면을 가야바의 집 하인들의 뜰과 연결시키는 소리를 들었다. 제사장 집 사건은 십자가 이전 사건이다.

십자가로 모든 것은 끝이 나고 예수님게서는 부활하셨다. 모든 거짓말이 무위로 돌아가고 말았다. 모든 권력이 패배하고 말았다. 모든 변론이 거품처럼 사라지고 끝이 났다. 이전 것은 모두 지나갔다. 그런데 부활의 주님이 아직도 그 코미디 같은 베드로의 실수를 폭로하고 있다면 참 유치하기 짝이 없다. 목사는 그러면 안 될 일이다.

그런데 더 웃기는 말이 또 있다. 거기에 불을 피웠고, 여기도 불을 피웠다. 거기에서 세 번 부인했고, 여기서 세 번 질문을 했다는 식으로 엮으려고 한다. 너무 황당하지 않은지 생각을 좀 해 보라. 거기의 불과 이 불이 어떻게 관계가 있으며 거기서 세 번 거짓말을 했던 것과 여기 주님의 거룩하신 말씀과 어떻게 감히 연관을 짓는다는 말인지 그 양심을 좀 들여다 보고 싶다.

나는 확신한다. 성경의 근거를 들어 좋은 목자가 되라고 하셨을 가능성은 있을 것 같다. 양을 먹이는 목자라면 절대로 잊어서도 안 되며 닮아서도 안 될 세 가지 못된 목자를 경고하시지 않았을까 싶다. 좋은 목자이시며 우리의 목자 되시는 예수님께서 앞에 서 계시니 못된 목자를 말로 언급할 필요는 없었을지 모른다. 그렇다고 해도 묵시적으로 충분히 느낄 수 있게 거듭 거듭 다짐하지 않았을까 싶다.

첫째, 못된 목자는 되지 말라.(슥 11 : 17)
둘째, 몰지각한 목자는 되지 말라.(사 56 : 11)
셋째, 우둔한 목자는 되지 말라.(렘 10: 21)

예수님께서는 처음부터 목자의 일, 즉 양을 먹이는 일에 대해 엄격하게 선을 그어 주셨다. 선한 목자와 삯꾼 목자 두 가지 목자의 목양 스타일을 상세하게 일러 주셨다. 선한 목자는 양을 위하여 목숨을 내어 놓고 양을 지킨다. 그러나 삯꾼은 자기가 위험을 느끼면 양을 버리고 달아난다고 하셨다. 그 이유까지 밝혀 주셨다. 두 종류의 목자는 양을 대하는 기본이 다르기 때문이다. 선한 목자는 양을 먹이되 주님의 양을 먹인다. 삯꾼은 남의 양을 먹인다. 선한 목자는 주인을 사랑하므로 주인을 대하듯이 양을 귀하게 대한다. 삯꾼은 남의 양이므로 자기 소유가 아니니 애착이 없다. 그래서 버리기도 하고 달아나기도 한다. 그런 의미에서 베드로에게 주님은 '나를 사랑하느냐'라고 묻고 따지고 확인하셨던 것이다.

베드로 역시 "내가 주를 사랑하는 줄 주께서 아시나이다"라고 화답했다. 오늘날의 목사도 마찬가지다. 목사라면 누구나 목회자라고 스스로 인정한다. 그래서 목사의 집무실도 목양실이라고 표시한다. 올바른 생각이며 좋은 태도이다. 그렇다면 교인을 어떻게 대하는지 교인을 대하는 태도를 보면 확연히 알 수 있다. 주님의 양을 대하는지, 남의 양을 대하는지, 혹은 자기의 양을 대하는지, 누구보다 자기 자신이 잘 안다.

7. 양과 염소의 비유

예수님의 비유는 복음서에 많이 기록되어 있다. 그 비유들은 해석하기에 따라서 그 의미가 크게 달라진다. 그 많은 비유 중에 반드시 알아야 할 비유는 양과 염소의 비유다. 최후 심판이 양과 염소의 분리로 끝이 나기 때문이다. 참으로 두려운 일이며 신중하게 생각해야 할 일이다. 그 비유의 핵심은 오직 양만 영생에 들어가고, 양이 아니면 영생에 들어갈 자가 없다는 선포이다.

그런데 염소는 양과 최후까지 함께 가서 거기서 탈락된다는 의미 심장한 비유이다. 마태복음에는 세 가지 양과 적대 관계인 동물을 세 곳에 따로 기록하였다.

첫째, 양과 이리 (10 : 16)

둘째, 양과 개 (15 : 24 - 26)

셋째, 양과 염소 (25 : 32)

이 세 가지 중에 이리와 개는 양에게 위협적인 존재
다. 이리는 양을 잡아먹는 천적이다. 예수님께서는 내가
너희를 보내는 것이 양을 이리 가운데 보내는 것 같다고
마음 아프게 여기셨다. 이리는 기독교를 박해하는 세력이
다. 그 다음에 개는 이방 여인에게 하신 말씀이다.

한 가나안 여인이 예수께 찾아와서 자기 딸이 귀신
들린 것을 고쳐 달라고 청했다. 예수님은 '내가 온 것은
이스라엘 집의 잃어 버린 양을 위해서'라고 하셨다. 그러
시면서 '자녀의 떡을 가지고 어찌 개에게 주겠느냐'고 하
셨다. 여기서 양과 개라고 분명하게 비교하였다. 이것은
이방 종교와의 관계를 대조하여 나타내셨다.

그런데 마지막에 기록된 염소는 그런 경우와 많이
다르다. 양과 염소는 같은 과 동물이다. 습성도, 식성도,
몸집도 흡사하다. 심지어 양과 염소는 이리와 개와 달리
제물에도 같이 쓰인다. 보통 사람에게는 식별이 어려운

유사 동물이 양과 염소이다. 이 두 가지가 심판대 위에 세워지게 된다. 염소는 단 하나도 없이 모두가 탈락된다.

그런데 예수님의 의중에는 염소를 누구라고 말씀하고 싶으셨을까? 그것이 참으로 궁금하다. 염소는 누구인지 아무도 모른다. 그러나 전연 그런 것만은 아닐 수도 있다. 우선 유사한 것으로 본다면 신자와 불신자일 가능성은 희박하다. 말하기는 두렵지만 세계 만방에 있는 전교인을 다 모아 놓고 양과 염소를 가려 낸다는 것이 성경의 문맥이다. 그래서 이리와 개는 이미 심판이 기정 사실로 끝났다는 암시다. 예수님의 관심은 항상 제사장, 바리새인, 서기관 쪽이었다.

양과 염소는 믿는 사람들이라는 것은 확실하다. 염소가 쫓겨 나면서 항의를 하는 장면이 그 증거다. 자기들이 어느 때에 주님을 외면한 일이 있었느냐고 질문한다. 그 말이 증거가 되고도 남는다. 주님을 믿지 않으면 그런 말을 할 수는 없다.

그러나 그들의 항의는 통하지 않는다. 주님은 "내가 이미 말했다"는 답으로 종결된다. 염소는 양을 잡아 먹는 양의 숙적은 아니다. 그러나 염소는 양과 함께 지내면서 양을 편하게 놓아 두지 않는다. 삶을 불편하게 하고, 행복을 시샘하며 양을 괴롭히고 방해한다.

어떻게 보면 염소는 취미가 양을 괴롭게 하는 것이 아닌가 싶다. 목사는 양일까 염소일까? 그것은 당연히 양이라고 말해야 될 것 같다. 감히 누구도 목사를 염소라고 말할 수는 없다. 그러나 염소 쪽에도 목사가 없을 리도 없다. 그렇다고 교인이 모두 양이라는 말은 어불성설이다. 선량한 교인을 괴롭게 하는 교인도 염소 쪽이라고 할 수 있다. 선한 일을 방해하는 자도 그렇다. 그 선량하다는 기준은 가늠하기가 어렵다. 선량한 교인을 괴롭게 하는 목사가 있다면 염소쪽이라고 할 수 있을 것이다. 같은 맥락에서 선량한 목사를 괴롭게 하는 교인 역시 염소에 가깝다. 그런데 '괴롭게 한다'는 것이 어떤 것을 말하는지 식별하기 어렵다.

가끔씩 나 혼자 생각하는 중에 교인을 괴롭히는 목사들이 있다. 그 중에 무슨 교재를 만들어 가지고 공부를 많이 시키는 목사가 생각난다. 생활고에 찌든 교인을 편하게 신앙생활 하도록 연구는 하지 않고 계속 공부를 하라면 그건 고문이 아닌가 싶다. 나는 공부하는 것을 거부하지 않는다. 성인에게 가장 자존심 상하는 단어가 '공부하라'는 말이 아닐까 싶다.

목회자들 중에는 공부를 너무 좋아하는 목사가 의외로 많다. 자기는 공부를 시키는 입장이라는 것을 잊고 있는 것 같다. 그런 행위를 잘못이라고 할 수는 없다. 교인을 좀 괴롭게 하더라도 할 일은 하겠다는 판단은 이해한다. 그런데 그것이 목사의 악취미 같다는 생각은 해 본 적이 있는지 묻고 싶다.

악취미라는 표현이 거슬린다면 '보스 근성'이라고 하면 되겠다. 어떤 집단이든지 보스들은 수하들이 가만이 있는 것을 보면 마음이 편치 않다. 그래서 무엇을 시켜도 시켜야지 그냥 두고 보지를 못한다. 시켜도 그냥 시키는 것이 아니라 잔뜩 힘을 과시하면서 아니꼽게 아랫사람을 괴롭힌다. 마치 옛날 시어머니의 악취미 같은 것과 공통점이 있다. 목사들도 보스와 같은 점이 다분하다. 보스의 근성은 무조건 복종을 기대한다. 목사도 그런 점이 보스와 많이 닮았다. 목사가 의도적으로 교인을 괴롭게 할 일은 없다. 하지만 신앙은 공부와 직접 관계가 없다. 여기서 공부라 함은 성경 강론을 가리키는 것이 아니다.

목사는 말씀의 종이다. 목사 속에는 항상 말씀이 들어 있다. 목사는 걸어 다니는 말씀이라 해도 틀리지 않는다. 성경은 공부하는 책과 다르다. 공책을 펴고 연필을 들고 머릿속에 적어 넣으려는 공부는 공부가 아니다. 성경을 가르치면 교인이 영리하게 될 위험이 있다. 성경은 가르치는 책이 아니라 먹이는 양식이다. 가르친다는 말과 먹인다는 말은 크게 차이가 있다. 성경을 먹이면 건강이 좋아진다. 힘이 나고 혈색이 좋아 보인다.

그래서 성경을 가르치려 하지 말고 먹이려고 노력해야 한다. 그렇게 하려면 목자(牧者)가 되어야 가능하다. 교회는 학교와 닮지 않고 가정과 닮은 곳이다. 목사는 교회를 가정이라고 생각하고 목회를 해야 한다. 가정이라는 곳은 가르치는 곳이 아니라 밥 먹는 곳이다. 하나님 아버지를 모시고 형제자매가 함께 사는 곳이다. 교회도 그런 곳이 되어야 진정한 교회라 할 수 있다. 가정은 사랑이 지배하는 유일한 안전 지대이다.

그러나 학교는 긴장과 경쟁으로 인간을 초조하게 만드는 곳이다. 교회가 가정 같을 때에만 아무도 미워할 이유가 없다. 학교에서는 너무 앞서도 경계를 당한다. 너무 처지면 멸시를 받는다. 그러므로 교회는 절대로 학교를 닮아서는 안 된다. 가정에서는 아무리 잘못해도 용서가 된다. 교회에서 교인들은 양 같은 대우를 받을 권리가 있다. 교인은 양으로 영광의 나라로 들어갈 때 교인을 괴롭히던 목사는 염소 같이 딴 길로 헤어지는 날은 없어야 되겠다

'여호와는 나의 목자시니 내게 부족함이 없으리로다'(시 23:1)라는 시편의 한 구절을 모르는 교인은 없다. 거기에 양이 목자를 생각하는 것이 교인이 목사를 생각하는 것과 다르지 않다. 양은 목자를 단순한 주인으로 생각하는 것이 아니라 절대자로 생각한다. 목사는 자기의 말을 잘 듣는 교인을 키우고 싶어하는 작은 그릇이 되어서는 안 된다. 교인도 목자를 전적으로 믿고 의지하려 한다. 하나님을 대신할 큰 그릇 같이 자기를 품어 주기를 기대한다.

목사를 보는 것이 예수님을 보는 것 같기 바란다. 아버지 같이 자기들의 버팀목이 되어 줄 것으로 믿는다. 교인들이 그런 목자를 바라는 것은 욕심이 아니다. 세상에는 믿고 의지할 사람이 없기 때문이다. 선생이 되면 공부 잘하는 학생만 사람으로 취급한다. 목사는 선생처럼 살지는 말아야 된다. 선생은 결국 탈락자를 가려 내고야 만다. 그러나 목자는 단 한 명의 탈락자도 만들지 않는다. 목자는 양을 절대로 괴롭게 하지 못하는 체질이다.

세상에서 받는 차별만으로도 교인들은 기가 죽고 있다. 교회마저 차별과 우열로 기를 꺾는다면 교인은 살 의욕을 잃게 된다. 예수님께서는 '수고하고 무거운 짐 진 자들아 다 내게로 오라 내가 너희를 쉬게 하리라'(마 11:28)라고 하셨다. 그런데 목사가 왜 교인을 편하게 못하는지 모르겠다. 그런 것은 염소가 하는 전공이기 때문이다. 목회도 유행이 있는 것 같다. 교인을 평가하여 등급을 만들어 차별하는 것이 대유행 같다. 그런 악습을 도입하지 않아도 예수 잘 믿고 잘 사는 방법은 얼마든지 있다.

제직 선출을 미끼로 교인들을 경쟁시키는 방법도 교묘하다. 중세기 종교 개혁자들이 목숨을 걸고 교회 부정을 타파하여 교회를 개혁했다. 그런 부패 현상이 오늘의 교회는 공공연하게 노출되고 있다. 세상은 엄청난 발전을 한다. 그런데 교회는 발전이 아니라 퇴보하는 것 같다. 그 중에 가장 안타까운 것이 성경의 퇴조다. 신앙이 성경적이 아니라는 뜻이다. 대다수의 교회가 기독교 문화 중심이 되어 있다. 교단, 교파, 제도, 구조, 형식, 전통이 성경 위에 있다. 성경을 그 문화를 유지하는 수단으로 쓰고 있다. 교인이 성경의 가르침대로 믿음을 가진다면 목회를 걱정할 필요가 없다. 그러나 성경의 권위가 심하게 흔들리고 있다. 그 이유는 성경을 하나님의 말씀이 아니라 목회자의 지침서로 쓰고 있기 때문이다. 성경을 하나님의 말씀으로 강론하고 설교하는 것보다 교회가 필요로 하는 교회의 요원을 양성하는 교재로 쓴다는 뜻이다.

교인은 다양하다. 똑같은 사람은 한 명도 없다. 교인의 개성을 존중하여 제각기 신앙을 갖도록 지도해야 한다. 목사는 교인 하나 하나를 살피고 그 상태를 진단하여 말씀으로 신앙을 심어야 한다. 그런 안목이 있으면 목회가 저절로 된다. 목자는 양을 보는 눈이 있고, 양을 사랑하는 가슴이 있고, 양을 지킬 능력이 있다.

쉽게 살려는 수단으로 공부를 시켜 시험 치고 점수 내어 성적표를 만드는 것이 과연 목사의 직무일까? 교인들을 괴롭히는 염소가 되기보다 함께 양으로 살아가는 목자가 되어야 할 것이다. 진정한 성적은 교인들 스스로 자기 평가를 하게 만들어 주어야 신앙 지도라 할 수 있다. 시험을 치게 하여 그 점수로 평가하려는 것은 인간적이다. 교인이 어떻게 생각하고 어떻게 믿는가 하는 것은 큰 틀에서는 성경에 명시되어 있다. 날마다 살아가면서 자기를 점검하는 것을 도와 주는 것이 진정한 목회이다.

8. 목회가 처세술에 물들 때

교회의 주인 되시는 예수님께서는 교회를 목자에게 목양을 하라고 위촉하셨다. 교회는 목자가 양을 치는 곳이다. 목자와 목사를 같은 뜻으로 보는 자와 다르게 보는 두 가지 견해가 있다. 자기는 목사이지 목자는 아니라고 생각할지도 모르겠다. 그런 생각은 고쳐야 된다.

교인은 목자를 필요로 하여 목자를 찾는다. 이런 차이 때문에 오늘의 교회가 계속 문제가 야기된다. 목사가 되는 과정은 일정한 교육과정을 이수하면 된다. 그리고 각 교단이 제정한 수련과 법적 절차에 따른 수련이 포함된다. 그렇게 하면 누구나 목사가 될 수 있다.

그러나 목자(牧者)는 그런 과정 외에 사명(使命)을 받아야 한다. 즉 명주(命主)로부터 하명(下命)을 받은 자를 의미한다. 그 두 가지 목사의 차이점을 알아 둘 필요가 절실하다. 우선 실력에는 별로 차이가 없다. 신앙에도 별로 차이가 없다. 왜냐하면 교육 과정이 같기 때문이다. 현저하게 다른 점은 교양에서 확연히 다르다.

사명으로 된 목사는 명령에 복종하는 종의 신분이다. 종은 어떤 일이 있어도 자기 마음대로 고집을 부리지 않는다. 반면에 스스로 된 목사는 모든 것을 자기 생각대로 결정하고 행동한다. 종은 상전에게 누를 끼치지 않으려고 매사에 신중하게 처신한다. 상전의 권위를 존중하여 월권을 하지 않으려고 매사에 재가를 받는다. 함부로 말하지 않고 쉽게 자기 감정을 노출하지 않는다. 이런 절제력을 '교양'이라고 한다. 그 목사의 교양을 보면 금방 사명자를 식별하게 된다.

분쟁 중에 있는 많은 교회, 소송을 제기하여 법적 투쟁을 하고 있는 교회, 불편한 관계로 항상 불안한 교회들 모두의 공통점이 있다. 거기에는 신학적인 문제, 교리적인 문제, 비리나 이해가 얽힌 문제보다 지도자의 교양이 문제가 됐을 가능성이 가장 높다.

무슨 동기로 분쟁이 일어났든지 공통점은 하나이다. 목사가 경솔하게 판단하지 않으면 교회 문제는 얼마든지 풀어 갈 수 있다. 가장 주의하지 않으면 안 될 사안은 목사의 편견과 속단이다. 교회가 위기에 처했을 때 지도자의 교양 있는 대처 능력을 교인들은 모르지 않는다.

목사는 교인들 앞에서 항상 정답을 가지고 있다. 무슨 문제가 있으면 정답을 제시한다. 그 정답을 거부하거나 불만을 갖고 있다면 그 다음은 반목, 제거, 징계로 수순이 이어진다. 이런 공식이 사명을 외면한 교양 부족 현상이다.

성경에 어떤 부자 청년이 예수님께 찾아 와서 질문했다.

"선생님이여 내가 무슨 선한 일을 하여야 영생을 얻으리이까?"(마 19:16)

예수님께서는 그 청년에게 성경에 있는 그대로 정답을 일러 주셨다. 그 정답을 받았으면 고맙다고 인사하고 돌아 갔어야 했다. 그런데 청년은 그 정답 말고 다른 답을 더 요구했다.

예수님께서는 그 청년을 참 기특하게 여기셨다. 그래서 다른 답을 또 일러 주셨다. 그 답은 정답보다 더 높은 명답이었다. 그런데 문제가 생겼다. 정답에 불만을 표시했던 청년은 명답에는 불복했다. 그러려면 정답만 가지고 갔으면 될 것이다. 그러나 청년은 실망스럽게 돌아 갔다.

그 청년의 행동에 답이 하나 더 있다. 그것은 정답이나 명답보다 더 귀한 상담이다. 즉 확답이라고 하면 좋겠다. 예수님께서는 인간이 얻어야 할 최상답은 자기자신에게 실망해야 한다는 것이다. 자기 힘으로는 영생을 얻을 수 없다는 진리를 깨닫게 한다. 그 진정한 답을 듣고 실망하여 물러가는 것이 인간이 얻을 수 있는 최선의 해답이다.

목사의 교양은 처세술과 다르다. 목사의 교양은 세련된 매너가 아니다. 목사의 교양은 보통 사람보다 한 수 높은 여유라고 할 수 있다. 하나님이 상전이시니 거기에

준하는 품위가 있어야 한다. 조금도 조급할 이유가 없다. 목사는 삼류 신사가 아니다. 교양과 수준은 같은 의미로 쓴다.

목사의 수준은 아무도 무시할 수 없는 경지가 있다. 신으로부터 하달되는 사명이라는 것은 왕으로부터 받는 대명처럼 엄숙하다. 목사들이 성경을 하늘의 소리로 알고 있다면 교양 없다는 말은 듣지 않을 것이다. 성경을 깊이 상고한다면 교양은 문제가 없을 것이다. 성경보다 더 수준 높은 지식과 지혜가 없기 때문이다.

9. 거병(巨病) 시대

한국교계 유명 목사가 미국에 여행을 하던 중에 일어난 일이다. 여행 기간에 주일이 들어 있었다. 그 목사는 주일에 참예할 교회를 찾게 되었다. 다행히도 한 교회에서 설교까지 하게 되었다. 손님을 맞게 된 교회 교인들은 유명 목사에 대한 큰 기대를 가지고 주일을 기다렸다.

그 교회는 소도시에 자리잡고 있는 아담한 교회였고, 역사가 오래 되어 안정된 교회였다. 주일이 되어 기대하던 목사가 강단에 섰다. 교인들은 밝은 얼굴로 뜻밖에 만난 설교자를 환영의 미소로 바라 보았다. 그러나 설교자는 교인들을 참혹하게 실망시켰다.

단상에 올라선 목사는 설교 원고를 들고 하는 말이

기가 막혔다. 차마 설교자의 입에서 그런 소리를 듣게 될 줄은 꿈에도 상상을 못했다. 생전 처음 있는 일이었고, 평생 또 다시 그런 일은 없을 것 같았다. 원고 노트를 손에 들고 그 목사는 말을 시작했다.

"내가 오늘 설교하려 했던 이 설교는 오늘 여기서는 하지 않고 다른 설교로 바꾸겠습니다."

설교는 설교자가 임의로 정하는 것이다. 자기가 무슨 설교를 하든 자기가 선택하고 결정한다. 그 누구도 설교는 간섭하지 않는 일이다. 그런데 그 목사는 설교를 바꾸게 된 이유를 납득하기 어렵게 설명했다. 그것이 사고였다. 그런 설명은 하지 말았어야 올바른 설교자이다. 설령 교회 분위기로 봐서 다른 설교를 하고 싶으면 자연스럽게 바꾸어서 하면 될 일이다. 만일 주보와 다르다면 변경을 알려 주면 알아 듣는다. 왜 교인들이 모욕을 당했다고 분노하게 만들었는지 정말 화가 난다. 이유라는 것이 얼마나 유치하고 상식 이하의 수준인지 여기에 옮기기조차 낯이 뜨겁다.

"나는 큰 교회 목사인데 오늘 이 교회는 교인의 숫자가 너무 적어서 준비한 설교가 아깝습니다. 그래서 다른 설교로 바꾸겠습니다."

　　아무리 목사라지만 그럴 수는 없다. 그 자리는 자기가 마음대로 해서는 안 될 엄연한 주님의 교회이며 거룩한 강단이다. 더구나 신성한 교회에서 사람을 무시하는 망언은 폭력에 해당하는 큰 죄가 된다. '당신들에게는 내 설교가 아깝다'는 그런 폭언을 설교자의 입으로는 할 수는 없다. 도대체 그런 설교가 어떤 설교인지 알 수가 없다. 이런 행동은 목사의 교양 문제가 아니라 목사의 자질 문제이고 인격 문제가 아닐까 싶다.

　　그 날 설교를 차라리 하지 않았더라면 좋을 뻔 했다. 그 목사가 그날 무슨 설교를 했는지 아무도 귀 담아 들은 사람이 없다. 아니 아무 소리도 들어줄 수가 없었다. 교인들은 크게 실망하고 상처를 입었다. 그러나 목사 자신은 무엇을 잘못 했는지 알고 있는 것 같지도 않았다.

　　단에서 내려올 때도 얼굴 표정이 태연하기만 했다. 친교실에 앉아서 음식을 먹을 때도 여전히 싱글벙글 웃으며 별 일 없었던 것처럼 당당하기만 했다. 한국 목사가 다 그런 줄 오해하는 성도가 있을까 봐 걱정이 되었다. 당연히 교회를 떠날 때까지도 죄송한 표정은 없었다.

예사로 교인을 무시하고 교회를 함부로 취급하는 목사가 큰 교회 목사라는 데 문제가 있다. 그런 목사가 그한 사람뿐이었으면 얼마나 다행일까 싶다. 하지만 그렇지 않을 것 같아서 가슴이 아프다.

기독교가 이 시대에 퍼뜨린 악습이 하나 있다. 그것은 거(巨)병이다. 예수님께서는 제자들에게 경고하시기를 크고자 하면 결국 망한다고 하셨다.

예수님은 작은 자가 천국의 주인이라고 하셨건만 오늘의 교회는 어찌 정반대로 역행을 하고 있는지 모르겠다. 어쩌다가 커지려고만 하는지 그게 어디서 온 병인지 두렵기만 하다. 최근 어느 대형교회 목사가 작은 교회 목사를 가리켜 '실패한 목사'라고 했다는 소리를 들었다.

내가 잘못 들은 것이 아닌가 싶지만 사실인 것 같다. 여기까지 왔다면 아마도 끝을 보는 게 아닐까 싶다. 인간은 크고 작은 것으로 가치를 가늠하지 않는다. 그것은 인간이기를 거부하는 죄악이다. 바닷속에 사는 하등 동물은 자기보다 크면 그 앞에 굴복한다.

그러나 거룩한 교회는 그럴 수 없다. 크고 작은 것을

비교하여 차별하고 무시하는 것은 교회의 타락을 의미하는 것밖에 되지 않는다. 크고 작은 교회가 있다 해도 아무 문제 될 것이 없다. 그런데 오늘의 교회는 그렇게 되지 않은 것이 비극이다. 비교가 되는 것이 아니라 비교를 하려는 데 문제가 생긴다.

큰 교회 목사가 당연히 모든 교권을 장악하는 정치하는 시대가 되고 말았다. 옛날에는 거물이라는 말을 악명처럼 썼다. 돈이 많다고 거들먹거린다거나, 주먹이 세다고 우쭐대는 사회에 기형적인 인물을 그렇게 불렀다. 결코 훌륭한 인물을 그런 식으로는 표현하지 않았다.

때로는 재계의 거성, 정계의 거성 같은 말은 쓰곤 했다. 그러나 목사를 거물로 취급하는 일은 없었다. 오늘은 목사에게도 거물이라고 부르는 데 조금도 주저하지 않는다. 사회에서는 모르겠지만 교계의 거물이라는 말은 듣기에 좀 괴물스럽다. 자칭 거물이라고 말하는 목사도 있는 것 같다.

교회가 크다고 큰 목사라고 하진 않았다. 목사의 인격과 덕망과 신앙의 깊이를 따라 만인이 공감하는 기준이 있었다. 그렇게 나타난 인품의 영향력으로 존비의 질서가 유지되었다. 본인이 자기를 내세우는 것이 아니라 모두가 함께 우러러 받드는 정서가 자연스럽게 형성되었다. 그렇게 하여 인물을 존경하고 추대하고 옹립하여 적지 적소로 모셨다.

누구도 스스로 크게 되려고 하는 일은 없었다. 이 시대는 자기가 자기를 들어내려고 기를 쓰는 시대가 되어 안쓰럽다. 한국에 있을 때 어떤 젊은 목사로부터 생소한 명함 한 장을 받았다. 거기에는 교회 이름이 큰 교회라고 적혀 있었다. 그 목사는 개척을 하면서 그렇게 이름을 지었다고 했다.

큰 교회라고 해야 관심을 가지는 시대라서 그렇게 한 것 같았다. 그리고 자신은 큰 교회를 꿈꾸는 목사 같았다. 이름처럼 된다는 보장은 아무 데도 없다. 요즘 교회는 이름에 무척 신경을 쓴다. 그러나 교회조차 이름으로 관심을 끌겠다는 것은 상업 광고로 잘못 알고 있는 것이 아닌가 싶다.

이런 것이 세상에 무엇을 보여 주게 될지 염려스럽

다. 허위 광고, 과대 광고라는 인상을 심어 주는 것은 아닌지 모르겠다. 뻥치는 시대를 교회가 닮고 있는 것 같다. 교회는 끝까지 교회다워야 한다는 원칙을 잊지 말아야 하겠다.

차라리 평범하게 동네 이름을 써서 그 지역 사람들에게 다가갈 친근한 이름이었으면 좋겠다. 작은 무리에게 상처 주는 큰 교회 목사의 그날 설교는 실격한 설교가 아닌가 싶다. 큰 교회 목사는 그렇다 쳐도 큰 교회 교인들까지 작은 교회 목사나 교인 보기를 우습게 여기는 일은 없어야 될 것이다. 만일 그런 교인이 있다면 교회를 잘 모르고 다니는 부끄러운 일이다.

주의 몸 된 교회는 어디에 섰거나 동일하다. 그것이 성경이 가르치는 진리이다. 큰 교회와 작은 교회가 신앙이 다른가? 목적이 다른가? 다 같은 한 교회이다. 어떤 병원에 가면 그런 병을 고쳐 줄까? 세상 어디에도 그런 병원은 없을 것 같아 통곡하고 싶다. 어떤 병보다 무서운 난치병 거(巨)병에 우리는 감염되지 않았나 싶다.

거(巨)병과 흡사한 병이 있다. 그건 나병이다. 나병은 정말 무섭다. 온 지체가 마비되고 망가지는 병이다. 거(巨)병의 성격이 그렇다. 거(巨)병에 걸리면 망가지기 시작한다. 형제도, 친구도, 선배도, 동료도, 아무 것도 보이지 않는다. 그리고 체면과 인격도 마비되어 오로지 자기밖에 모른다. 자기 키우기 외에는 다른 사람을 의식하지 않는다.

더욱 무서운 것은 목사가 이 병에 걸리면 교인들도 감염된다. 교인이 거(巨)병에 걸리면 교인들 사이에서 자기만 크겠다고 날뛰게 된다. 그러면 그런 교회에는 아무도 남아 있으려고 하지 않는다. 결과적으로 거(巨)병은 교회의 천적과도 같다. 성경 정신을 배격하여 교회를 넘어지게 하는 공포의 병인 셈이다. 실제로 그런 병이 어디 있을까 싶지만 우리 말에 꾀병이라는 것도 있으니 어찌 거병인들 없으랴 싶다. 작은 자가 천국의 주인이라는 성경의 가르침을 어찌 하려고 서로 크고자 하는 병으로 자기를 망가뜨리려는가.

어떻게 하면 스승 사(師)를 반납할 수 있을까요?

이제 나는 목사(牧事)로 쓸까 봐요

남이야 뭐라든지 ……

2장 설교 훼손 죄

"그러나 교회에서 네가 남을 가르치기 위하여 깨달은 마음으로 다섯 마디 말을 하는 것이 일만 마디 방언으로 말하는 것보다 나으니라."(고전 14 : 19)

여기에 준엄한 목사의 설교 원칙이 나타나 있다. 깨달음이 없이는 설교를 하지 말라는 의미와 같다. 일만 마디 방언보다 다섯 마디 깨달은 말이 더 설교답다고 적혀 있다. 설교는 목사의 밥줄이 아니라 명줄이다.

그렇다면 목사가 설교를 하려면 먼저 깨닫는 것이 선행되어야 한다. 다른 사람이 깨달은 것을 내가 빌려서 할 수도 있다. 그러나 성경의 본뜻은 그런 것이 아니라 설교자가 스스로 깨닫는 것을 의미한다. 다섯 마디 말과 일만 마디 말의 차이는 2000:1이다. 이런 비교는 감을 잡기가 어렵다. 그냥 하려면 그만 두라는 뜻이 아닐까 싶다.

설교란 그만큼 어렵다는 뜻이다. 이것 저것 모아서 죽을 쑤듯이 하지 말아야 된다는 깨우침이다. 방언하는 사람은 신령한 은사라고 뽐내기를 좋아하지만 그것은 자랑할 일이 아니다. 일만 마디 방언도 별 것 아니라고 했다. 그렇다면 방언한다고 자랑할 일은 아니다. 설교를 어떻게 잘할 수 있을까 고민하는 목사들이 많아야 교회가 건강하다.

그런 고민을 하는 목사가 좋은 설교자가 될 가능성이 있다. 고민이 깊어지면 깨달음이 오기 시작한다. 아무 고뇌가 없어도 설교는 얼마든지 가능하다. 그러나 그런 설교로 교인의 마음을 감동시킬 수는 없다. 설교자의 고민하는 아픔에서 묻어나는 한 마디 한 마디가 설교가 될 때 일만 마디 나오는 대로 떠드는 소리보다 힘이 있는 설교가 된다.

1. "설교하지 마"

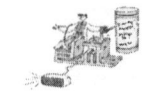목사의 죄라면 이것만은 빼놓을 수 없는 것이 있다. 그것이 설교를 훼손한 죄이다. 목사를 다른 말로는 '설교자'라고 한다. 목사가 하는 일 중에 대표적인 것이 설교이다. 교회에서 하는 일 중에 가장 많은 시간을 차지하는 것이 설교라고 해도 부인할 사람이 없을 것이다.

목사를 평가하는 기준이 있다면 단연 설교를 꼽지 않을까 싶다. 목사와 설교는 떼려야 뗄 수 없는 한 몸 같은 관계이다. 설교라는 단어는 교회가 아닌 다른 곳에서는 쓰는 데가 없다. 설교라는 용어는 교회 또는 목사가 관련된 한정된 용어이다.

그런데 그 말이 이상하게도 좋지 않게 쓰이고 있다.

그것도 아주 심하게 설교에 흠집을 내고 있다. 남의 말을 막아버리려는 입마개처럼 흉하게 쓴다. 목사로서는 무척 자존심 상할 노릇이다. 왜 그런 모욕을 참고 살아야 하는지 억울하다. 설교란 좋은 것이다. 설교는 성경을 풀어서 이야기하는 선한 일이다.

설교는 내용이 모두 좋은 것뿐이다. 그리고 목적도 선한 것이다. 설교를 들어서 나쁠 것은 없다. 설교가 해를 끼치는 일은 절대로 없다. 교회에서 설교 한 번 듣게 하는데 드는 비용을 산출하기는 어렵지만 생각보다 엄청나다.

그러나 어디서도 설교를 듣는 데 돈을 내지는 않는다. 교회가 하고 있는 여러 가지 서비스 중에 설교가 으뜸이 아닌가 싶다. 그런데 어쩌다가 설교라는 말이 마치 악담 같은 대접을 받게 되었는지 원통하고 분하기만 하다.

우리나라 어디서나 몇 명만 모인 자리라면 들을 수 있는 말이 '설교하지 말라'는 소리다. 그런 자리와 설교는 전혀 관계가 없다.

친구끼리 모였다가 누가 말되는 소리를 한 마디 했다가는 당장 "설교하지 마!"라고 입을 봉쇄한다. 왜 그럴까? 그 친구는 절대로 설교 같은 것을 하지 않았는데 말이다.

설교라는 말이 그렇게 비참한 대접을 받는 이유를 묵과할 수가 없다. 그렇다고 그렇게 말하는 사람을 붙잡고 시비를 걸 권리는 더욱 없는 노릇이다. 역으로 생각하면 누가 그런 절묘한 착안을 처음 했을까 싶다. 입 좀 닥치라는 말을 어떻게 '설교하지 마라'는 뜻으로 쓰려고 마음을 먹었는지 알 수가 없다.

그렇게 고상한 말을 누가 머리를 써서 된 일은 아니라고 생각한다. 우발적으로 일어나지 않았을까 싶기도 하다. 한편으로는 자연스럽게 사회 분위기가 조성되어 불거진 현상인 것 같기도 하다. 그만큼 교회가 보편적 감각권 안에 들어 있다는 의미 같기도 하다. TV 프로그램에 교회를 소재로 한 코미디를 보고 관중이 박장대소를 하는 것을 보고 느낀 것이 많았다.

무슨 뜻으로 하는 말인지 듣는 사람은 충분히 안다. '입 좀 닥쳐'라는 말을 왜 그렇게 하는 것일까? 심지어 여성들도 친구가 무슨 소리를 하면 "또 설교?"라고 입을 막는다. 대충 그럴 때 나쁜 소리를 하는 경우는 드물다. 농담이나 잡담을 한다고 그러지는 않는다. 어른스럽게 말을 하거나 교훈처럼 늘어 놓는 말을 그런 식으로 거부하는 것 같다.

그렇다면 왜 하필 '설교하지 말라'고 할까? 설교를 어떻게 했길래 그런 대접을 받는 것일까? 그것은 설교자에게 책임이 없다고 할 수 없다. 내가 들었던 말만 해도 여기에 다 옮겨 놓을 수가 없을 만큼 여러 가지였다. 물론 나에게 그렇게 한 것은 아니다. 내 귀에 자연스럽게 들렸거나 관심이 있어 챙겼을 것 같다.

설교하지 마.
설교하고 있네.
누구 앞에서 설교해!
어디서 설교야 !
누가 설교 듣겠데?
또 설교하시네.
설교 좋아하네.

며칠 전에 TV드라마에서 두 친구가 말을 하던 중 한 친구가 못 마땅한 말을 한다고 "웬 설교!"라고 소리를 질렀다.

별의 별 설교 말라는 소리는 끝이 없다. 그게 무슨 뜻으로 통하는지 일일이 물어 볼 수는 없다. 그런데 분위기로는 감이 잡히는 것 같았다. 아마도 잔소리를 뜻하는 것 같았다. "잔소리 그만 해", "잔소리 듣기 싫어"라는 말 같았다. 설교가 잔소리의 대명사로 둔갑한 것을 아무도 부인할 수 없다. 그것이 우리 사회 정서이다.

그것을 누구의 책임이라고 해야 옳을까? 설교는 목사의 몫이다. 그렇다면 목사가 피해 갈 수 없는 원인 제공자이다. 설교라는 말을 본래 뜻과 전혀 다른 욕설처럼 남용하는 죄를 물어야 하겠다. 그러려면 당연히 설교를 하였거나 듣고 소문을 퍼뜨린 사람을 불러 놓고 따져야 될 것이다.

교인이 아닌 사람은 설교를 듣지 않았으니 옮길 이유가 없다. 그렇다면 목사와 교인이 원흉이다. 그 둘 중에 책임은 교인에게 나쁜 영향을 준 설교자가 져야 하는 것이 당연하다. 설교란 참 어려운 작업이다. 설교를 제대로 하려면 노력을 엄청나게 해야 한다.

　　많은 설교자들이 목회 중에 감당해야 할 설교의 양이 너무 많다. 그런 부담을 이유로 좀 쉬운 방법으로 설교를 한 탓은 아닐까? 어느새 돌이킬 수 없는 지경으로 추락해 버린 설교라는 용어의 수난은 '목사의 죄'라는 고해(苦 悔)로도 용서가 안 될까?

2. 잔소리 설교

가르치는 자는 잔소리를 주무기로 쓸 때가 많다. 잔소리보다 더 쉽게 전달할 수 있는 방법은 없다. 잔소리가 설득력 있는 화술로 흔히 혼동된다. 목회자가 담당해야 하는 설교의 양이 엄청나다. 그 많은 설교가 목사에게는 보람일 수도 있다. 그렇다고 해도 부담이 되고, 때로는 압박을 받는 것도 부정할 수가 없다.

그 많은 설교를 충실하게 준비하려면 남 모르는 노력과 지혜를 동원해야 한다. 그래서 속성법 같은 비상 수단을 쓰게 되기도 한다. 빠르고 쉬운 길로 가려고 잔소리로 충당하는 사례가 생길 수도 있다. 그런 지름길 같은 설교는 하기도 쉽고 듣기에도 힘들 것이 없다.

차츰 익숙하게 되면 그 효과라는 단맛의 유혹에서 손을 뗄 수가 없게 된다. 설교라는 잔소리를 어느 정도 하게 된다. 성경의 진리를 해석하고 강론한 뒤에는 반드시 적용이라는 과정이 있다. 그것이 설교의 목적 중에 큰 비중을 차지한다. 그러기 때문에 잔소리는 필수라고 해도 틀리지 않다.

학교에서 듣는 선생의 잔소리는 한 점도 틀린 데가 없다. 잔소리가 틀렸기 때문에 싫은 것이 아니다. 오히려 그 반대로 너무 맞기 때문에 부담을 주는 것이다. 설교라는 것이 맞는 말을 한다고 되는 것은 아니다. 맞는 말은 이미 알고 있다. 알고 있는데 또 말하면 짜증이 난다. 설교자가 그런 것을 모를 때가 많다.

설교가 잔소리로 들린다면 맛이 떨어진 것이다. 들어도 도움이 되지 않는 함량 미달이 될 뿐이다. 그런 설교가 계속되면 영양 실조가 불가피하다. 설교자가 가장 쉽게 빠지는 함정이 잔소리로 시간 채우기이다. 잘못 길들여지면 영영 헤어나지 못할 수도 있다. 이미 그렇게 굳어 버린 설교자도 무수하다.

그런데 잔소리가 다 옳은 소리인데 왜 싫다는 것인지 모를 일이다. 그것이 잔소리의 실체요 생리이다. 듣는 사람이 싫다는데 하는 소리가 잔소리의 생리이다. 그리고 그런 말은 입만 아플 뿐 아무 효과가 없다. 그래서 설교자에게는 말을 가릴 줄 아는 능력이 필요하다.

설교자는 그런 분별력으로 말의 덫에 걸리지 말아야 된다. 잔소리는 중독이 된다. 중독이라면 고치기 어려운 병과 같다. 그것을 알려면 엄마를 보면 틀림 없다. 엄마의 잔소리는 지겹다 못해 짜증이 날 지경이다. 엄마는 그것을 자식 사랑이라고 미화시킨다. 그것은 진실 같은 거짓말이다. 그것은 엄마의 습관이거나 악취미일 수도 있다. 엄마의 잔소리보다 더 오래 들어야 하는 잔소리도 있다. 그것은 아내의 잔소리이다. 엄마의 잔소리는 자식이 결혼하면 끝이 난다. 그 다음은 아내의 잔소리로 이어진다. 그 소리를 죽을 때까지 들어야 한다.

그런데 그 잔소리도 역시 들어서 나쁠 것이 없는 필요한 말이다. 그런데 듣고 싶지 않다는 데 문제가 있다. 싫다는 데도 잔소리를 해야 하는 당사자도 못할 짓이다.

다만 목사의 잔소리는 좀 어이 없는 것이다. 잔소리를 설교인 줄 아는 목사는 잠이 좀 덜 깬 탓이 아닐까 싶다.

설교에 잔소리 한 마디쯤은 누구나 들을 준비가 되어 있다. 교인들은 그런 것을 문제 삼지 않는다. 그런데 또 잔소리가 나온다 싶으면 귀를 막는다. 차마 손으로 막지는 못하지만 듣지 않으려고 마음을 닫는다. 교인들의 듣는 감각은 설교자의 전하는 기능보다 훨씬 더 민감하다.

설교자가 서론부터 잔소리를 하지는 않는다. 본론 중반을 지나기 시작하면 잔소리로 끝을 맺는다. 물론 모든 목사가 다 그렇다는 것은 아니다. 잔소리 없이 깨끗하게 성경을 풀어 감동을 주는 설교도 얼마든지 있다. 잔소리 한 마디 없이 설교해도 교인들은 넉넉하게 설교를 이해하고 감동을 받게 되어 있다.

3. 물 타기 설교

물 타기라는 또 다른 방법의 설교 수단이 있다. 물 타기란 두 가지 다른 형식이 있다. 하나는 음식의 맛이 너무 진할 때 물을 타서 농도를 맞추는 것이다. 다른 하나는 음식의 양을 늘릴 목적으로 물을 타서 속이는 방법이다. 즉 한 그릇을 두 그릇으로 확대하는 기만적인 방법이다.

설교자의 물 타기에도 두 가지가 있다. 진리를 원액 그대로 먹이려면 먹기에 힘든다. 그래서 내용을 부드럽게 하려는 물 타기가 있다. 그런 것을 굳이 물 타기라고 말할 수는 없다. 그런 것은 조리법에 따라 요리를 하듯 설교자의 다양한 능력에 속한다.

여기서는 그런 것과 다른 물 타기를 말하려는 것이

다. 시간을 메우거나 분량을 늘이는 것을 말한다. 성경 내용이나 설교 내용과 상관 없는 이야기들을 말하는 것이다. 특히 설교자의 개인적인 이야기를 삽입시켜 설교를 부풀리는 것이 전형적인 물 타기이다.

그 물타기에 가장 많이 쓰는 것이 자기 자랑이다. 자랑에도 순위가 있다. 첫째가 아는 체하는 자랑이다. 뭘 많이 알고 있다는 것을 자랑하고 싶어 못 참는다. 그 다음이 잘난 자랑이다. 무엇을 잘했을 때 입이 간지러워 가만 있지 못하여 설교 시간에 줄줄 흘린다. 이루 말할 수 없는 나쁜 버릇이 설교자마다 조금씩 있다.

설교할 때마다 버럭버럭 소리를 지르면서 성질부리는 설교자도 꽤 많이 있다. 그 반대로 시종일관 생글생글 웃는 설교자도 있다. 교회에 나와서 앉아 있는 교인들의 절반은 울고 싶은 사람일지 모른다. 설교자의 표정이 밝은 것은 나쁠 것이 없다. 그러나 시종 일관 웃으면서 해야 할 설교란 있을 수 없다.

누구나 하나님 앞에 나올 때면 지은 죄로 가슴이 아프다. 인간이 하나님의 말씀을 대하면 마음이 엄숙하게 된다. 웃을 기분이 아니라 매라도 한 대 맞고 싶은 심정이다. 그럴 때 목사가 씩 웃고 있으면 화가 날 수도 있다. 나는 그런 교인의 정서를 무시하고 설교한 적이 있다.

별 생각 없이 평소와 같이 웃는 얼굴로 설교를 했다. 그런데 한 교인으로부터 혹독한 책망을 들었다. 목사가 교인들을 그렇게 모르고 어떻게 목회를 하느냐고 따졌다. 그 교인은 나를 무척 사랑하고 있는 교인이었다. 나는 그 교인의 진실한 충고를 고맙게 받아들였다. 그 뒤로는 말씀을 전할 때 의미 없는 웃음을 낭비하지 않으려고 많이 억제했다.

목사가 좋은 인상을 교인들에게 보여 주는 것이 나쁘다는 뜻이 아니다. 하나님의 말씀을 들을 때 비통함을 감추지 못할 그때가 중요할 때이다. 말씀이 가슴에 부딪칠 때 고뇌가 일어나는 순간을 놓치면 안 된다. 웃는 것은 그런 은혜의 순간을 방해할 수 있다. 웃기는 것으로는 그런 기회를 만들 수 없다.

한 때 교회가 웃기는 설교에 도취된 때가 있었다. 교인을 웃길 수 없는 설교자는 물러가라고 할 정도였다. 그런 것이 기독교를 빨리 부패시키는 누룩이 되었다. 솔직히 웃으려고 교회에 갈 필요는 없다. 기뻐한다는 말과 웃는다는 말은 같은 뜻이 아니다. 울어도 행복한 것이 신앙이다.

설교자는 교인들의 정서에 호소하여 위안과 감화를 줄 수 있어야 한다. 교인의 정서보다 자기 감정에 쉽게 빠지면 좋은 설교를 하기 어렵다. 목사의 경건함과 신뢰감은 설교 내용 이상으로 중요하다. 무엇을 심어 주어야 될지, 웃음을 심는 것은 아니라는 뜻이다.

'설교하지 말라'는 소리가 우리 사회에서 들리지 않을 때까지 설교는 잔소리가 아니라는 것을 증명해야 할 것이다. 설교는 목사가 하고 설교 훼손도 목사가 했다면 목사의 죄는 목사가 지고 가야 할 짐이다.

4. 복사판 설교

도시 교회 교인들은 자기 교회를 가려면 여러 교회를 지나서 가게 된다. 날씨가 나쁘다거나 교통에 문제가 생기면 자기가 다니는 교회가 아니라도 걸어서 가도 될 교회가 허다하다. 가끔씩 새벽 예배라든가 수요 예배나 주일 저녁 예배는 가기에 편리한 교회로 가서 예배에 참석하는 교인들이 많다.

나도 목회할 때 그런 교인들을 많이 보았다. 우리 교회 노 권사는 주일 낮 예배만 본 교회로 나온다. 그리고는 모든 예배를 가까운 교회에서 드린다. 그 권사는 성경 지식이나 경건 생활에 모범이 되는 걱정이 되지 않는 교인이었다. 그 권사의 한 마디 말은 권위가 있었다. 많은 교인을 권면하는데도 설득력이 탁월했다. 나에게도 적지

않게 도움을 주는 어머니와 같은 권사였다.

　가까운 교회를 다니면서 여러 목사들의 설교를 들을 수 있었다. 여러 목사의 설교로 특별하게 생각을 깨워 줄 때가 많았다고 했다. 그 권사가 어느 주일 본 교회에서 들었던 내 설교를 저녁에는 다른 교회에서 같은 설교를 들었다. 얼마든지 있을 수 있는 일이다. 그런데 두 교회 목사의 설교가 같은 본문인데도 내용은 많이 다르더라고 했다. 그래서 성경이 더욱 깊은 말씀 같더라고 했다. 성경의 해석이 다르고 설교의 내용이 다른 것은 다양하고 풍부한 은혜 탓이라고 믿고 있었다.

　그런데 그 경우와 아주 다른 사건이 있었다. 어떤 집사가 자기 교회에서 주일 설교를 듣고 그날 저녁은 자기집 옆에 있는 교회에 가서 헌신 예배에 참석하였다. 그날 강사로 온 K목사의 설교가 자기 교회 목사의 설교와 똑같더라고 했다.

　그 집사는 큰 시험을 당하게 되었다. 두 목사가 각각 설교를 준비했다면 그렇게 같을 수는 없다고 판단했다. 어느 쪽이 원본이고 어느 쪽이 복사를 했는지 궁금하기 시작했다. 그 집사는 곰곰이 살피기 시작했다. 우선 자기 교회 목사가 K목사를 알고 있는지 알아 보았다. 자기교회 목사는 K목사를 전혀 모르는 사이였다.

그렇다면 두 사람이 다른 원고를 복사한 것이라는 결론이 났다. 그 집사는 혼자서 고민할 일이 아니라고 판단했다. 자기 친구와 함께 계속 살피게 되었다. 집사들이 지나치게 목사의 설교 영역을 침해하는 것 같았다. 그러나 집사들의 말은 달랐다. 교인들은 교회에 나오면 목사의 설교에 의존도가 얼마나 높은지 모른다고 했다.

신앙을 총괄하는 말씀을 듣는데 무슨 하자가 생겼다면 신앙에 직접 타격이라고 했다. 그 목사는 참 불행하다는 생각이 들었다. 어쩌다가 교인들에게 설교 추적을 당하게 되었는가? 결국 자기 교회 목사가 설교를 준비하는 것이 아니라 어디서 복사해 가지고 온다는 소문이 교회 안에 퍼지고 말았다.

변명을 요구했더라면 목사가 설명을 했을 텐데 그런 소명의 시간마저 주지 않고 집단으로 설교 거부를 하기에 이르렀다. 불행하게도 목사는 교회를 떠나고 말았다. 설교를 어떻게 하거나 설교가 틀리지 않았다면 받아 주는 것도 좋은 일이다.

자기가 아무리 잘 준비한다 해도 자기 설교보다 더 나은 설교가 있다면 그 설교를 할 수도 있다. 교인들에게 꼭 전해 주고 싶다면 말이 달라진다. 그 사실을 교인들이 알았더라면, 아니 목사가 알려 주었더라면 그런 불상사가 일어나지 않았을 것이다.

그런데 문제는 교인이 듣지 않겠다고 했으니 그것이 법이 되고 말았다. 이것이 목사의 가장 취약한 입장이다. 그런 문제 때문에 목사는 무슨 설교를 할 것인가를 연구 하기 전에 설교를 듣고자 하는 교인의 마음부터 사로 잡 아야 한다.

만일 설교자가 공개적으로 오늘 설교는 아무개의 설 교를 베낀 것이라고 해도 아멘 하고 들었을 것이다. 그런 것 외에도 복사 설교는 다양하다. 유명 설교가들의 명설 교를 그대로 옮겨서 해 본 경험이 누구에게나 있을 것 같 다. 그런 것은 용납이 될 것이다.

그런데 문제는 복사할 가치가 없는 설교를 준비하기 가 싫어서 복사하는 것은 죄라고 할 수 있다. 그것도 아니고 잘못된 설교까지 복사하여 남의 흉내를 내는 것은 교인들을 기만하는 죄가 아니라고 할 수가 없다.

5. 소설 설교

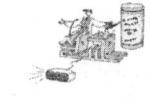 설교를 한 편의 소설처럼 흥미진진하게 할
수도 있다. 설교의 소재는 그러고도 남을
만큼 드라마틱한 사건들로 가득하다. 입담 좋은 부흥사들
은 그런 식으로 부흥회를 인도하기도 한다.

나는 어려서부터 부흥회를 많이 쫓아 다녔다. 그러
면서 소설 같은 설교를 꽤 많이 들은 것 같다. 심지어 예
수의 일대기를 춘향전으로 연출하는 강사도 보았다. 부흥
사는 구수한 판소리까지 목청을 가다듬어 청중들을 감동
시켰다. 나도 목사가 된 후에 이따금 성경의 역사를 드라
마처럼 실감나게 표현해 보았다. 그러다 보면 소설가로
나서도 될 뻔 했다는 소리를 들을 때가 있었다. 그러나
설교를 그런 식으로 각색을 하다 보면 진실을 왜곡할 위

험에 빠지기 쉽다. 그래도 교인들이 좋아한다면 상관 없다고 생각할지 모르겠다. 그러나 그런 생각은 큰 잘못이다. 그런 것은 극약 처방 같은 일시적인 효과일 뿐이다.

성경은 조금만 곁길로 빠지면 큰 오류를 낳게 된다. 그런 사례 중에 사마리아 여성에 관한 이야기가 대표적인 사건 같다. 그 이야기를 소설화 하여 한 인물을 매도하고 있다. 모든 설교자가 다 그렇다는 뜻은 아니다. 사마리아 여성은 아주 부도덕한 여성, 심지어 창녀라고 보는 교인들도 있다.

이것은 설교자의 책임과 관계가 있다. 이 여성은 전에 남편 다섯이 있었다고 예수님이 밝혀 내셨다. 그러나 예수님의 그 말이 불륜을 의미한다는 근거는 없다. 그런 판단은 속단이고 오해다. 예수님의 비유에는 일곱 남편 이야기도 등장한다. 여자의 재혼이 몇 번으로 제한된다는 것은 어디에도 없다. 전 남편 다섯을 여자가 갈아 치운 것처럼 생각하는 것은 큰 잘못이다. 성경에서는 남자가 이혼증서를 써 주고 여자를 버렸다고 되어 있다. 그 시대에는 여자가 이 남자 저 남자로 남편을 마음대로 바꿀 수 있는 시대가 아니었다. 그런데 그 여자를 음탕한 여자로 매도하는 것은 잘못된 소설이다. 그런 욕설을 퍼붓는 설교자는 무슨 근거로 그러는지 모르겠다. 예수님께서는 그 여성의 고달픈 인생을 이해하셨다. 예수님께서는 그 여성의 어떤 죄도 언급하시지 않았다.

그런데 설교자는 어떻게 나쁜 쪽으로만 성경을 보는지 모르겠다. 예수님의 이미지를 흐리게 할 목적이 아니라면 예수님을 앞질러 가면서 자기 멋대로 소설을 써서는 안 될 일이다. 심지어 어떤 설교자는 추측만으로 요상하게 각색을 한다. 그 소설의 줄거리는 대략 이렇다. 여자가 돈을 좋아해서 김(金) 서방과 살았다는 데서 시작된다. 살다 보니 돈보다 권세에 더 매력을 느끼게 되었다.

그래서 다시 권(權)서방으로 바꾸었다고 한다. 그렇게 하여 이 남자 저 남자를 찾아 다섯 차례나 바꿨다고 한다. 교인들은 그런 줄로 받아들인다. 그것은 성경을 잘못된 외설로 만든 죄가 된다.

예수님은 그 여성에게 지금 있는 남편은 네 남편이 아니라고 했다. 그 말의 뜻도 불륜으로 보아야 하는지 알기는 어렵다. 여성의 음란이 폭로되면 즉시 돌로 쳐죽이는 시대였다. 정상적인 관계가 아니라는 것은 예수님의 판단이 아니다. 전에 다섯 남편들도 잘못된 관계라는 것은 넘겨짚는 잘못이다. 과거를 가졌다는 것은 불행한 일이다. 그러나 그것을 죄악시 할 이유는 없다.

복음서에 등장하는 인물 중에 가장 건강한 신앙인이 그 여성이었다. 예수님은 그 여성에게 개인적으로 가장 긴 대화를 했고 가장 큰 은혜를 주셨다. 심지어 아무에게도 직접 '내가 메시아이다'라는 증언은 직접하신 적이 없으셨다. 그런데 그 여성에게는 "내가 그로라"라고 하셨다. 그리고 그 여성만큼 예수님을 확실하게 증거 한 인물이 없었다. 복음서 어디에도 그런 언급이 없다.

누가 감히 그 당시에 예배 문제로 고민한 적이 있었는가. 예루살렘 성전과 사마리아 성전 사이에서 예배의 충돌을 의식한다는 것은 상상할 수 없는 신학적인 과제이다. 아무데서도 그런 질문은 받은 적이 없다. 그 여성은 예배 문제로 갈등하고 있었다. 그 문제를 예수님께 여쭈었다. 예수님께서는 그 여성의 고민을 풀어 주셨다. "네가 옳은 생각을 하였다"고 손을 들어 주셨다.

그 결과로 위대한 예배의 정의가 선포되었다. 동시에 그 자리에서 자기가 메시아라고 공개하셨다. 어디서도 예수님의 이런 파격적인 선언은 없었다.

내가 성지 순례 중에 있었던 일이다. 단체 여행이었는데 20여 명이 한 팀이었다. 이상하게도 목사는 나 혼자였다. 어디를 가도 기도는 내 차례였다. 그러기가 싫어서 돌아가면서 기도하기로 하여 여행을 잘 마친 적이 있었다.

중간에 예배가 있었는데 설교는 또 내 몫이었다. 여행 중에 마실 물이 귀했다. 그래서 설교의 소재로 물을 선택했다. 모두들 손에 들고 있는 물에 착안하여 물 설교를 했다. 그 본문이 요한복음 4장 수가 성 우물 곁에 있었던 이야기였다. 먼저 잠깐 사마리아 여성의 훌륭한 신앙을 칭찬했다. 예수님을 감동시켰다는 이야기며, 사마리아 성을 은혜의 도가니로 만든 전도인이라는 것도 이야기 했다.

그런데 여행자 중에 한 여성이 톨아졌다. 그런 미천한 여성을 과찬한다는 이유로 내게 대하여 불쾌한 태도로 삐친 것 같았다. 그래서 여행 중에 나를 많이 괴롭게 했다. 예수님은 그 여성을 만나려고 유대인이 가지 않는 금지된 땅을 넘어가시기까지 하셨다. 우리는 그런 예수님을 믿고 사랑한다. 설교자들이 제발 잘못된 소설만은 삼가야 되지 않을까 싶다.

6. 짜깁기 설교

설교란 참으로 어려운 작업이다. 그런데 어떤 설교는 듣다 보면 참 쉽기도 하다는 생각이 든다. 설교 서론에 쓰는 도입부에 항상 그 주간에 뉴스로 보도된 이슈로 화두를 삼는다. 일년 내내 그런 식으로 설교하는 목사를 보면 그런 설교는 어렵겠다는 생각이 들지 않는다. 마이클 잭슨이 죽었을 때는 몇 주일을 그의 죽음으로 도배를 하여 설교를 했다. 성경과 무슨 관계가 있는지 교인들은 모르고 있는 것이 당연하다.

최근에는 스티브 잡스의 죽음도 그런 설교 맨트로 애용한다. 교인들의 이해를 돕기 위해 무슨 이야기나 할 수 있는 것을 몰라서 하는 소리가 아니다. 지금이 그렇게 한가할 때인지 묻고 싶다.

뉴스가 차고 넘쳐서 주체할 수 없는 시대에 교회 강단마저 그런 구식 설교로 시간을 때우고 있는 것이 안타깝기만 하다. 누더기처럼 이것저것 꿰매지 말고 참신한 설교 좀 연구하면 안 될까?

계절마다 벌어지는 스포츠 결선이 있을 때는 어김없이 목사는 스포츠 해설을 설교에 도입한다. 설교의 예화를 쓰는 데는 범위가 제한된 것이 없다. 그런데 그 예화조차 식상할 정도로 교인들이 알고 지나간 것들이다. 그런 재탕을 하면서도 자기는 특종을 낚은 듯이 열을 올린다. 그런 한가한 소리를 성경 이야기보다 훨씬 더 과장되게 성경의 부록처럼 얼버무린다.

옛날에 옷감이 비쌀 때는 양복에 구멍이라도 생기면 곧장 짜깁기로 수선을 하곤 했다. 짜깁기는 아무나 하는 기술이 아니다. 옷감의 결을 원단처럼 맞춰 내는 예술적인 솜씨였다. 설교의 짜깁기도 아무나 할 수는 없다. 어떤 분야에 해박한 지식이 있어야 하기가 쉽다. 요즘 방송 설교를 듣다 보면 짜깁기 선수들이 너무나 많은 것 같다.

말 솜씨도 일품이고 아는 지식도 수준급이다. 그래

서 더 안타깝다. 그런 실력으로 성경을 제대로 파고 들었
으면 얼마나 좋을까 싶다. 요즘 나돌아 다니는 설교를 들
어 보면 왜 그렇게 답답한지 모르겠다. 성경을 설교 교본
으로 짜깁어 놓은 함량 미달 설교가 수두룩하다. 복음의
매력에 기절하게 좀 해 주었으면 좋겠다. 아무리 들을 만
한 이야기라 해도 성경 말씀에 견줄 수는 없다.

열광하는 운동 경기가 스릴이 있다 해도 예수님의
이야기에 비교하기에는 어림도 없다. 성경은 옛날 할아버
지의 고담이 아니다. 이따금씩 써먹는 덕담도 아니다. 끝
없이 깊고 높은 우주 저 넘어까지 보고 느끼게 하는 신비
이다. 과학은 우주 정복에 나선지 오래이다. 우주로부터
전송되는 정보가 엄청나다. 그런데 우리는 하늘에서 들려
주는 소리를 들으려고나 하는지 모르겠다.

지금 우리가 보유하고 있는 인적 자원은 역대 어느
시대보다 막대하다. 세상은 자고 나면 깜짝 깜짝 놀랄 소
식들을 전해 준다.

그런데 교회는 뭣을 하고 있는지 잠꼬대를 하지 않
나 싶다. 지식도, 재력도, 조직력도, 기동성도 넉넉하

다. 그런데 왜 이러고 있을까? 예수님의 탄식이 생각날 뿐이다. 인자가 올 때에 믿음을 보겠는가? 누구에게 하신 말씀인가?

목사들에게 하신 말씀 같다. 교회들은 지금 살아 있다고 말하기가 너무 거짓스럽다. 촛대를 옮기시겠다던 에베소 교회보다 나은 교회가 어디 있는지 보고 싶다. 차지도 않고 덥지도 않고 미지근하여 토해 버리시겠다는 라오디게아 교회보다 나은 교회도 어디 있는지 모르겠다. 벗은 것도 모르고, 눈먼 것도 모르고, 가련한 것도 모르는 감각이 마비된 것이 목사의 죄가 아닌가 싶다.

7. 설교의 주인

 목사가 무슨 설교를 어떻게 하는지 그것은
그다지 중요하지 않다.

설교란 들어 주는 사람이 곧 주인이다. 제 아무리 좋
은 설교를 해도 성과는 들어 줄 사람에게 달려 있다. 그
런데 목사들은 종종 착각할 때가 있다. 이렇게 좋은 설교
를 왜 듣지 않느냐고 생각한다. 듣는 사람을 충분히 알고
있으면 설교가 어렵지 않다. 듣는 사람이 누구인가 보다
듣는 그 사람의 상태를 말하는 것이다.

내가 전도사 초년 시절에 작은 농촌 교회로 파송을
받은 적이 있었다. 마을 입구에 자리 잡은 초가삼간을 교
회로 구며 놓은 아주 작은 교회였다. 첫 임지라서 물불을

가리지 않고 열심히 다녔다. 집에서 두 시간 넘게 걸어서 가야만 하는 교회였다. 중간에 강이 있었는데 그 강을 건너는 시간이 일정하지 않았다. 그 강에는 다리가 없었기 때문이다. 비가 오면 배를 타고 건너야 하는데 배가 자주 다니는 편이 아니었다. 워낙 강폭이 넓고 모래밭이 넓어서 다리를 설치할 수가 없었다. 주중에는 신학교에 다녀야 했고, 주말에 가서 주일을 지켰다.

어느 토요일 오후에 조금 늦게 출발한 탓으로 강가에 도착해 보니 해가 져서 어두어지기 시작했다. 강을 건너는데 한 남자가 같이 건너고 있었다. 혼자가 아니어서 다행이었다. 거기서부터 가는 길은 밤이면 좀 무서운 길이었다. 그곳은 6·25전쟁 때 인민군이 많이 죽은 곳이었다. 그래서 나는 가급적이면 밤에는 혼자 다니지 않으려고 했다. 그 길은 혼자 가기에는 좀 섬뜩하고 음산했다. 그러나 그날은 동행이 생겨서 마음이 놓였다. 강을 건너자마자 내가 먼저 물었다.

"어디까지 가십니까?"

그 사람은 나보다 갑절은 더 멀리 가는 사람이었다. 나이가 큰 형님 뻘이나 되어 보였다. 조금 걷다가 보니 너무 적적하였다. 내가 다시 말을 끄집어 낼까 생각해 보았다. 무슨 할 말이 있을 것 같지 않았다. 그렇다고 계속 묵묵히 가기에는 너무 지루할 것 같았다. 나는 부흥회 같은 데서 들어 둔 인생론이나 한 번 들려 주고 싶었다. 자연스럽게 한 마디씩 꺼내다가 어느새 부흥 강사를 흉내 내듯 했다. 인생의 허무한 이야기이며 인생의 무지한 이야기를 예화까지 곁들여 열심히 부흥사의 흉내를 내고 있었다. 잠자코 들어 주던 그 남자가 고마웠다. 나는 완전히 설교 연습을 하고 있었다. 그런가 싶었는데 갑자기 그 남자가 멈춰서며 말했다.

"먼저 가시오."

"어디가 불편하십니까?"

"아닙니다."

"그럼 왜 그러십니까?"

내가 혼자 가기가 무서워서가 아니었다. 갑자기 동행을 거부하는 이유가 궁금했던 것이었다.

"나는 당신 같은 사람을 처음 봅니다. 무슨 젊은이가 인생을 그렇게 잘 알고 있는지 나는 한 번도 그런 소리를 들어본 적이 없어서 겁이 납니다."

그 사람이 사는 골짝 마을은 나도 알고 있는 곳이다. 거기는 교회가 없는 곳이다. 아마 내 이야기에 감동은 고사하고 질려버린 것 같았다.

"당신은 누구이고, 뭘 하는 사람이요. 이런 골짝에는 뭣 하러 가시오?"

그의 질문을 듣고서야 내가 결례를 범한 것을 알았다. 좋은 이야기가 공포심을 자극한 결과가 될 줄은 상상도 못했다. 내가 좋은 말을 들려 준다고 감동되는 것이 아니었다. 들어 주는 사람이 바로 들어 주어야 무엇이 되는 것이었다.

나는 그날 이후로 설교 주인은 듣는 자라는 사실을 깨달았다. 그 덕분에 이 나이가 되도록 설교를 하는 것이 아닌가 싶다.

그제서야 내가 신학교 학생이며 전도사라고 알려 주었다. 그러자 그쪽에서 발길을 옮기기 시작했다. 진작 그랬더라면 좋았을 뻔했다. 내가 누구인 줄 모르는 상태에서 인생 이야기를 듣는 순간 불쾌했던 것이다. 무슨 무당도 아닌 것 같고, 죽은 인민군의 혼령도 아닐 텐데 귀신 씨나락 까는 소리를 들었으니 그럴 만 했던 것 같다. 그러니까 나였다 해도 동행을 싫어했을 것이다.

　몰라도 너무 몰랐던 시대는 그 날로 끝이 난 것은 아니었다. 계속해서 그런 식으로 한평생을 살았던 것 같다. 과거를 돌아 보면 그런 맹랑한 실언이 허다하다.

　또 한 번은 열차를 타고 가다가 열차 안에서 실수한 이야기다. 받으려고 하지 않는데 나 혼자 맘대로 뭘 줬다가 크게 부끄러웠던 일이었다. 열차 안에서 상인들이 계속 뭘 사라고 지나 다녔다. 옆자리에 몸집이 아주 큰 남자가 앉아 있었다. 얼마나 자리가 비좁던지 숨 쉬기가 불편했다. 마침 지나가는 장사꾼이 땅콩 사라는 소리를 듣고 땅콩을 샀다. 옆 사람에게 주려고 하나를 더 샀다. 옆 사람이 눈을 지긋이 감고 있길래 땅콩 먹으라고 흔들어 깨웠다. 내가 뇌물로 주는 줄 얼른 알아차리고 고맙다고 했다. 그러더니 자리를 조금 넓게 양보해 주었다. 땅콩 하나로 편하게 앉아서 가게 된 것까지는 좋았다.

　그런데 조금 후에 또 장사꾼이 소주 맥주를 외치면서 지나가고 있었다. 내 옆 사람이 소주 두 병을 사는 것이었다. 아차 싶었으나 때는 이미 늦어버렸다. 땅콩을 사줬으니 자기는 소주를 사야 되겠다는 생각을 하고 한 병을 나에게 주었다. 나는 정신이 없었다. 한 번도 나에게 소주를 권하는 사람은 없었기 때문이다. 그런데 내가 사양을 한 것이 또 화를 불렀다.

넥타이를 맨 정장 차림을 한 신사가 소주는 마다하는구나 싶었던 모양이다. 조금 후에 다시 장사꾼에게 맥주 두 병을 또 사는 것이었다. 그때는 내가 '나는 목사입니다'라고 말했어야 옳았다. 그러나 그것을 나에게 준다는 말도 없었는데 앞질러 또 사양하기는 싫었다. 가만 있었더니 정중하게 맥주 한 병을 또 다시 주는 것이었다. 그때는 모든 것이 너무 늦어 버렸다.

어쩔 수 없이 또 사양을 했다. 그런데 내가 목사라는 말은 차마 할 수가 없었다. 그랬다가는 목사 때문에 재수가 없었다고 할 것 같았기 때문이다. 그 남자는 내가 누군지 궁금했을 것이다. 왜 안주는 사 주면서 자기 술은 마다 하느냐고 따지고 싶었을 것 같다. 목사는 가끔 제멋대로 판단하여 일방적으로 행동할 때가 있다. 주는 것도 상대방의 마음부터 헤아려야 한다는 것쯤은 목사도 알고 있어야 할 매너 같다.

8. 과연 목사들은 교인을 잘 알고 있을까?

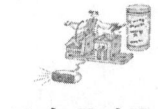 목사들은 교인들을 너무 모른다. 자기도 한 때는 교인이었을 텐데 교인을 이해하기 보다 목사를 이해시키려고 무진 애를 쓴다. 교인들은 목사를 닮게 되어 있다. 목사가 행동하는 만큼 교인은 반응한다.

목사는 말을 하는 자리에 있고, 교인은 말을 듣는 처지에 있다. 교인은 목사를 이해할 일이 없다. 목사의 말을 들어서 알고 있기 때문이다. 교인은 말이 없다. 그래서 이해가 필요하다.

말로 표시하지 않는 교인들의 마음 속을 알아야 목회가 된다. 교인들은 양처럼 단순하여 사려 깊은 판단을 할 수 없는 약점이 있다. 그래서 목자가 있어야 한다. 그러나 교인들은 목사가 생각 하는 만큼 모자라는 것은 아니다. 교인은 목사 같이 전문 지식은 없다. 그러나 알 만한 것은 다 알고 있다는 것을 목사가 느끼지 못한다. 이런 점이 목사와 교인 간에 심각한 공백 같아 보인다.

환자가 의사를 알듯이 교인은 목사를 알고 있다. 많은 의사들을 보면 환자가 가지고 있는 병은 잘 알고 있다. 그러나 환자가 누군지 그것에는 별로 관심을 두는 것 같지 않다. 환자는 그런 점이 의사와 크게 다르다. 환자는 의사에게 병을 가지고 가는 것이 아니다. 병이 자기를 괴롭게 한다고 자기를 돌봐 달라고 찾아 가는 것이다.

내 가까이에 의사가 둘이 있다. 가끔씩 그런 것을 부탁한다. 의사는 병을 다루는 것이 아니라 환자를 취급하는 것이라고 말이다. 늙은 사람을 종합병원이라고 한다. 누구나 여러 의사를 만나게 된다. 나도 미국 의사 몇 명에게 진료를 받고 있다. 물론 한국 의사도 당연히 정기적으로 찾아 간다. 그런데 미국 의사는 반드시 환자와 악수부터 하고 진료에 임한다.

그러나 유감스럽게도 한국 의사들은 그렇게 하는 의사가 간혹 있을 뿐이다. 의사(醫師)가 스승이라고 생각하는 자세 때문인 것 같다. 그러니 목사(牧師)인들 스승이니 어찌 자세를 고칠 수 있을까 싶다. 그래도 목사에게는 진료과목이 없다. 그러니 교인에게 관심을 가져야 마땅하다. 사명을 가진 목사라면 주님을 대하듯 임해야 한다. 직업적인 목사라도 고객은 왕으로 대우해야 한다.

의사들이 환자의 병에 관심을 가지는 것은 당연하다. 그 이상 환자의 마음까지 알려고 하지 않는다. 목사도 그와 비슷하다. 목사는 목회를 잘 알고 있다. 목회는 잘하고 싶어 한다. 그러나 교인을 그만큼 이해하지는 못한다. 목사가 교인을 이해하는 것만큼 목회가 되는 것이다. 교인을 이해하면 할수록 목회는 잘 되기 마련이다. 나는 그것을 목회라고 믿고 있다.

1) 목표 알기

목사가 하는 일 중에 쉬운 일은 없다. 그렇다고 목사가 힘들어 못하겠다고 그만 두는 일은 없다. 목사가 하겠다는 일을 새해가 시작될 때 교인들에게 알리는 경우가 있다. 목표치를 숫자로 표기하여 교인들이 한 눈에 볼 수 있게 설치 또는 비치한다. 교회에 들어서면 다시 확인을 시킨다. 그 목표를 달성시키려고 지속적으로 교인을 독려한다.

한 해가 끝나는 연말에는 결과가 발표된다. 목표에 달성한 때보다 그러지 못한 때가 더 많다. 때로는 턱없이 미달되기도 한다. 그렇다고 목사가 책임을 지지도 않는다. 목사는 교회로부터 그 결과에 대한 책임을 추궁 당하지도 않는다. 그 다음 해에도 그런 식으로 예측 불가능한 목표를 설정하여 교인을 허탈감에 빠지게 하는 일이 허다하다.

그런 목표치는 실현 가능한 합리적 바탕에서 작성되는 것 같지 않다. 높게 잡을수록 과시욕을 충족시킬 수 있다는 허위 숫자를 미리 알고 그렇게 한다. 그런 것은 심리적으로 매우 효과적인 전략일 수도 있다. 그러나 교인의 정서는 좀 다르다. '또 누굴 잡으려고 저러실까'라고 생각하게 만든다.

목표치를 설정하는 기준은 당연히 교인들의 능력에 맞추어야 한다. 그렇게 하여 목표 달성이라는 성취감도 맛보게 해야 마땅하다. 그런데 그렇게 하는 교회는 아주 드물다. 처음부터 목사의 바라는 기대치에 맞춰져 있다. 교인의 달성 가능성을 예측하고 정한 것은 아니다. 물론 협의를 거친다고 해도 마찬가지이다.

가끔씩은 교세의 권위와 자존심 같은 것이 작용하기도 한다. 말하기는 좀 박절하지만 금년 예산이 얼마라고 폼을 잡아야 하기 때문이다. 예산 규모와 그 교회 위상이 직결된 것으로 이해한다. 목표치를 높이 잡는 이유는 여러 가지 이유가 있다. 표면상으로는 그런 경제 문제를 부각시키지 않는다.

가장 명분 있는 것이 선교, 또는 전도에 관한 목표를 숫자로 제시한다. 나는 일평생 목회를 하면서 한 번도 교인들에게 어떤 목표를 정해 준 적이 없다. 목표를 정해 놓고 매일 같이 하나님께 기도를 강행시킨다. 그런데 결과가 형편 없이 미달되었을 때를 생각해 본다. 그럴 경우 신앙이 타격을 받는 손해는 어떻게 수습할지 아는 사람은 거의 없다.

처음부터 되지도 않을 목표로 교인을 기만한다는 오해도 받을 위험이 있다. 그래서 나는 교회 주보에 이달의 목표라든가 교회 요람에 금년 목표 같은 허위 광고는 쓰지 않은 채 목회를 마쳤다.

어떤 음악회에 가서 새로 뜨는 지휘자의 지휘 실력을 감상하게 되었다. 기량이 뛰어난 연주자를 공개 오디션을 통해서 선발한 챔버 오케스트라 창립 공연이었다.

첫 곡을 들으면서 장래가 촉망된다는 감탄의 갈채를 보냈다. 두 번째 곡이 막 시작되었을 때는 더욱 기대를 하며 정신을 집중시켰다. 그때 놀라운 일이 발생했다. 지휘봉을 놓고 지휘자가 밖으로 나가 버리는 것이었다. 음악회는 난장판이 되는 줄 알았다. 그런데 오케스트라 단원들은 조금도 동요하지 않고 침착하게 연주를 계속했다. 곡이 끝날 때까지 지휘자는 들어 오지 않았다.

곡이 끝나고 객석에서 박수 소리가 우뢰와 같이 울려 퍼지고 있을 때 지휘자가 들어 왔다. 아무도 이유를 설명하지 않았다. 다음부터는 지휘자가 지휘를 했다. 그 음악회는 매우 성숙한 수준의 분위기 같은 느낌이었다. 모든 단원의 나이가 30대를 넘지 않아 보였다. 단원들한 사람 한 사람이 자기가 할 일을 하니까 저절로 연주가되었다.

지휘자와 단원들의 깜짝 이벤트였던 것을 끝까지 나는 알지 못했다. 지휘자가 없어도 연주가 되는 것처럼 목사가 아니면 교회가 안 되는 줄 아는 목사가 있을지 모른다. 그런 교만이 목사의 죄이다. 교회는 목사가 있게 되어 있으니 있는 것뿐이다. 목사가 있으므로 교회가 있는 것은 아니다. 각자가 자기 신앙을 지키면 저절로 교회가 된다. 교인을 교회 구성원이 되라고 강요할 필요가 없다는 뜻이다.

2) 사람 보기

북유럽 여행을 여행사에서 주선한 패키지 여행을 하게 되었다. 우리 팀의 인원이 20명이 조금 넘었다. 유럽 여행은 어디를 가든지 교회 순례 같아서 조금만 지내다 보면 그들 중에 누가 교인인지 알아 보게 된다. 교인이 아닌 사람과 교인은 교회에 들어설 때부터 느낌이 다르다.

여행 중간쯤 주일이 끼어 있었다. 교인이면 누구나

주일은 예배를 드려야 한다는 원칙을 지키려 한다. 나도 같은 생각으로 교인 같아 보이는 사람을 살피고 있었다. 청년들 중에서 두어 사람이 나를 찾아와 내게 물었다.

"장로님이시지요?"

나는 대답 대신 빙그레 웃어 보였다.

"내일 아침에 호텔 세미나 실에서 저희와 같이 예배를 드렸으면 좋겠습니다. 장로님께서 설교를 맡아 주시면 좋겠습니다."

그렇게 내게 부탁하고 청년들은 물러갔다. 다음날 아침 다섯 명이 모여 예배를 드렸다. 마침 나보다 조금 젊은 장로가 한 분 있어서 그 분이 기도를 했다. 그날부터 어디를 가든 그 젊은이들이 나에게 장로 대접을 잘 해주었다. 우리도 그 친절에 보답하려고 노력했다.

스웨덴에서 내 아내가 소화 장애가 생겼다. 어떻게 눈치를 챘는지 그 젊은이가 구급약을 구해 왔다. 하마터면 여행을 망칠 뻔했다. 그런데 그 젊은이 덕에 여행에 지장이 없게 되었다. 여행을 끝내고 귀국 길에서 착오가 발생했다. 덴마크 공항에서 좀처럼 일어나지 않았던 정전 사고가 일어났다. 남은 스케줄이 모두 변경되었다.

우리는 취리히 공항에서 한국행 비행기를 타야 하는 시간을 놓치고 말았다. 계획에 없는 차질이 생겨 공항에서 보내는 시간이 길어졌다. 몇 시간을 기다려서 파리 공항을 경유해서 가게 되었다. 그러는 동안에 하루가 더 지연되었다. 우리는 교우들끼리 앉아서 지루한 시간을 유익하게 보낼 수 있었다. 다행히도 시간이 좀 지연됐을 뿐 다른 지장은 없었다.

마지막 공항에서 우리 내외는 위장약을 구해 준 그 젊은이에게 가족수대로 선물을 마련해 주었다. 그 젊은이는 서울에 있는 모 교회 집사라고 알려 주었다. 나는 그때까지도 내가 목사라는 말을 하지 않았다. 그 젊은이는 헤어지기가 서운하다면서 내 곁으로 와서 앉았다. 그 젊은이는 조심스럽게 말을 꺼냈다.

"장로님, 지금이라도 늦지 않았으니 신학을 공부하시면 좋겠습니다."

곁에서 듣고 있던 아내가 그 젊은이에게 물었다.

"뭘 보고 그런 말씀을 하셔요?"

"교인들도 보면 안답니다. 신학을 할 사람이 했는지, 신학을 하지 말았어야 할 사람이 했는지."

그런 소리를 교인에게 듣게 될 줄은 상상도 못했다. 나는 그 여행 중에 설교를 하긴 했어도 5분 남짓하게 전했을 뿐이다. 그 젊은이는 그런 나를 보고 어떻게 신학을 권했는지 놀라운 일이었다. 더구나 장로인줄 알고 의심한 것도 아니었을 터인데 말이다. '교인은 다 알고 있다'는 그 말이 목사인 나에게 아주 큰 위로가 되었다. 아내와 나는 신기하다는 웃음으로 고맙다는 표시를 하고 아쉽게 작별을 고했다.

3) 축하하기

생일 축하는 해당되지 않는 사람이 없다. 모든 사람들이 생일이 있기 때문이다. 그런데 나 같은 사람은 생일이 정말 부담된다. 생일이 가까워지면 우리 내외는 고민에 빠진다. 자식들에게 걱정시키는 것도 그렇고, 교인들에게 부담을 주는 것도 싫다.

생일은 본인의 의사에 따라야 되는 사생활의 영역이다. 앞질러 말을 하거나 카드를 보내는 것은 사생활 침해가 될 수 있다.

　나도 목회하면서 교인들에게 특별 서비스로 생일 카드를 보낸 적이 있었다. 바쁜 도시 생활에 자기 생일도 모르고 살아 가는 사람이 의외로 많았기 때문이다. 어떤 교인은 반가워하고 어떤 교인은 귀찮아 하는 것을 알고 나서 중단하고 말았다. 미처 생각하지 못한 것이 죄송했다. 생일을 찾아 준다고 고마워하는 사람은 많지 않았다. 교회의 카드는 반가움과 다른 느낌을 주는 것 같았다.

　이미 잘 알고 축하 준비를 하고 있는 사람에게도 교회에서까지 카드 보내는 것은 필요 이상의 친절 같이 생각했다. 교회를 많이 아끼고 사랑하는 교인 중에서도 그런 사소한 일에 신경을 쓰는 것을 우려했다. 살펴야 할 교인이 많을 텐데 시간 낭비처럼 생각된다고 했다. 덧붙여서 귓속말처럼 들려 주는 말도 있었다. 혹시 생일 헌금을 유도한다는 오해도 받게 될지 모른다고 했다. 축하 받고 싶어하는 사람도 분명히 있다고 했다. 공개 석상이 아니라고 해도 조용히 진심 어린 축하를 받고 싶은 사람을 찾아 보라고 했다. 목사의 눈에는 그런 교인이 보여야 하는데 찾기가 쉽지 않았다.

어느 주일 아침이었다. 나는 항상 아침 일찍 교회에 가서 교인을 기다리는 일부터 주일을 지키는 일로 생각했다. 교회 구내에 사택이 있던 시절에는 그렇게 하기가 어렵지 않았다. 차츰 목사 사택이 교회와 떨어져 있을 때는 나 혼자 교회에 먼저 가야만 했다. 부부가 나란히 주일날 교회에 가 본 기억은 없다.

그날도 혼자서 먼저 교회에 나가는 길이었다. 주일학생 둘이 다가 와서 꾸벅하고 인사를 했다. 아침 일찍 교회로 나온 학생에게 칭찬을 한 마디 해 주었다. 그 중에 한 아이가 옆에 선 친구 자랑을 늘어 놓았다. 얼마나 신명이 났던지 내가 감동을 받았다.

지난 주 도민체전에서 초등부 수영 결선에서 2등을 했다는 것이었다. 그 순간 이거야 말로 축하할 일이라고 생각했다. 그 아이의 부모는 교인이 아니었다. 나는 얼른 그 아이가 받은 메달을 가져 오라고 집으로 돌려 보냈다. 그날 대예배 시간에 그 어린 아이를 불러 내어 온 교인들에게 축하를 하게 했다. 그 아이의 부모를 생각해서 축하 선물도 안겨 주었다.

교회라는 곳은 매일 축하할 일이 있어야 할 것 같았

다. 어린 아이 하나가 잘한 일도 축하하고 격려하여 용기와 사랑을 심어 주는 일이 얼마나 중요할까 싶다. 내가 교인들의 여론을 일일이 조사한 결과는 아니다. 그러나 소수라도 그런 카드가 부담을 주는 일이 된다는데 계속할 필요는 없을 것 같았다. 소수의 의견이라도 고려하는 것이 옳을 것 같았다.

교회가 교인들에게 선의의 부담을 얼마든지 줄 수 있다. 특히 갑작스러운 재난이 발생하여 구호품을 보내야 하는데 교회가 가만히 있는 것은 교인을 실망시키는 일이다. 조금씩이라도 참여를 시키는 부담을 나누어 가져야 한다. 다만 불필요한 오해만은 받지 않아야 교인들의 참여와 봉사가 활발할 것이다. 교회가 돈 문제로 교인들에게 짐을 지운다는 소리는 듣지 말아야 한다.

그렇게 된다면 교회의 세속화를 방지하기 어렵다. 세상은 돈이 지배한다. 돈으로 사람의 가치를 논한다. 어쩌면 교회가 먼저 돈의 위력을 선포했는지도 모른다. 교회에서 돈 때문에 상처를 받거나 무시를 당하지 않았는지 모른다. 교회에 헌금이 많이 들어 오면 하나님의 축복이라고 말하지 않는 목사가 있는지 모르겠다.

우리 사회가 이렇게 돈 문제로 혼란스럽게 된 데에는 교회가 전연 책임이 없다고 말할 수는 없다. 큰 교회가 하는 일 중에 돈 자랑을 얼마나 하는지 알 만한 사람은 알고 있다. 헌금 봉투를 들고 이름을 공개할 때부터 시작된 폐단이 아니었나 싶다. 헌금은 하나님께 드리는 것이다. 사람 앞에 공개하는 것 자체가 잘못이다. 그런 악습이 교회에는 마치 전통 같이 행해지고 있다.

지금은 그렇게 하지 않으면 오히려 이상할 것 같다. 나는 부임한 교회마다 그것부터 시정했다. 제직들은 헌금이 줄 것이라고 걱정했으나 그래도 강행하여 바로 잡았다. 헌금에 별 차가 없었다.

그 다음에 옮겨 간 교회에서도 그렇게 했다. 그렇게 하여 헌금이 줄었다면 그것도 잘된 것이다. 사람을 의식하여 헌금한 것은 하나님이 기뻐하시지 않기 때문이다.

비록 하고 싶어도 억제하는 것이 더 아름다울 때도 있다. 성스러운 교회를 보존하고 경건한 신앙을 지키려면 돈 문제로부터는 좀 자유롭고 싶은 교인의 마음을 이해하였으면 좋겠다.

4) 따라 하기

교회에서 음악이 차지하는 비중은 말로 표현하기가 곤란할 정도로 막강하다. 교회에서 예배는 가장 중요한 본분이다. 그 예배에 있어서 음악은 결정적 역할을 한다. 그래서 음악으로 봉사하는 사람은 유급으로 채용하기도 한다. 그중에서 가장 많은 시간을 할애하는 음악인은 피아니스트이다.

피아노 반주자보다 더 많은 시간을 바치는 음악인은 없다. 예배 반주, 성가대 반주, 연습시간 반주 등 교회 내에서 누구보다 교회와 인연이 깊다. 그리고 예배 시에는 목사에게 가장 협조적인 요원이 피아니스트이다.

어느 주일 그 피아노 반주자에 얽힌 사연이 잊어지지 않아 여기에 남기려 한다. 매주 예배순서는 일정한 편이다. 그런 것은 교회의 전통과도 깊은 관계가 있다. 주일마다 예배 순서가 자주 바뀌면 교인들을 산만하게 할 우려가 있다. 특별한 경우가 아니면 평상을 유지하려고 노력한다.

그러나 똑같은 주일 예배라도 그날 그날 예배의 성

취도는 같은 것이 아니다. 어떤 목사는 그 날 예배의 전체적인 만족 지수를 수치로 기록해 두는 교회도 보았다. 내가 말하려는 그 날, 우리 교회 주일예배는 만족도가 아주 높았던 주일이었다.

예배가 끝나기 직전에 마지막 찬송을 부르려던 때였다. 피아니스트가 반주를 시작했다. 교인들은 모두 기립해서 찬송가를 펴 들었다. 그 찬송 다음 순서는 목사의 축도가 이어진다.

그런데 피아노에서 울려 나오는 찬송가는 주보에 기록된 그 찬송가가 아니었다. 반주자가 찬송가 오른쪽 면을 깜빡 잊고 왼쪽 면을 치는 것이었다. 그렇다면 목사가 당연히 바뀐 사실을 알려 주어야 한다. 그리고 나서 바르게 치도록 지도했어야 한다. 목사는 예배를 바르게 인도하는 책임자이다. 그래서 그 자리에서 처음부터 끝까지 지키고 있는 것이다.

피아니스트가 찬송가를 잘못 치고 있다는 것을 온 교인이 다 알고 있었다. 그것을 모르고 있는 사람은 피아니스트 한 사람 뿐이었다. 아주 잠깐이면 바로 갈 수 있는 일이다. 목사가 먼저 알려 주는 것이 자연스럽다. 아니면 피아노 가까이 있는 성가대원이 알려 주어도 된다. 아니면 성가대 지휘자가 알려 줄 수도 있다. 그런데 그들은 아무도 나서지 않았다.

거룩한 예배 시간에 감히 함부로 나설 수 없었기 때문이다. 그것이 아니라면 그 일은 목사의 소관이라고 모두 양보했기 때문이다. 어른들은 월권을 하지 않으려 했을 것이다. 교인들은 목사가 바로 잡아 줄 것으로 기대했을 수도 있다. 반주가 계속되어 합창으로 들어갔을 때까지 나는 아무 말도 하지 않았다. 아니, 그럴 수가 없었다.

나는 피아노 반주에 맞추어서 그 찬송가를 부르기 시작했다. 교인들도 나를 따라서 주보와 다르게 변주된 찬송가를 불렀다. 1절은 분위기가 조금 서먹했다. 그러나 2절부터는 정상적으로 불렀다. 마지막 4절은 평소보다 더 우렁차게 불렀다. 예배가 끝나고 문 앞에 서서 교인들을 전송하게 되었다. 한 사람씩 악수 하며 얼굴 표정을 살폈다.

혹시 나 더러 '목사님 왜 그러셨어요?'라고 할 것 같아서였다. 그러나 내 감각으로는 아무도 그러는 것 같지 않았다. 오히려 '괜찮았어요, 좋았어요'라고 나를 위로하는 것 같았다. 교인들은 그날 따라 웃는 모습이 무척 행복해 보였다. 아무도 찬송가가 잘못된 이야기는 하지 않았다. 교인들은 내 마음을 알고 있었다. 그러나 그 표정에서 나는 교인들의 마음을 읽을 수 있었다.

내가 피아니스트의 실수를 덮고 가려는 뜻을 교인들은 알았다. 만일 그것을 본인에게 알려 주는 순간 너무 놀랄 것을 내가 두려워한 것까지 이해한 것 같았다. 나는 우리 교우들의 표정이 '목사님 괜찮아요. 목사님 우리가 다 알아요. 오늘 참 좋았어요. 오히려 더 잘 됐어요'라고 말해 주는 것 같아서 고마웠다.

내가 반주자의 착각을 몰랐다고 생각할 교인은 없었을 것이다. 예배를 빨리 끝내고 싶었던 것은 더욱 아니다. 다만 피아도 반주 소리가 너무 유쾌하고 아름답게 들렸다. 그러기에 중단시키기에는 오히려 흐름을 해칠 것 같았다. 행복의 리듬을 뚝 잘라 버리기에는 그날의 예배가 다른 날보다 월등하게 좋았다.

나는 이층 집무실로 올라갔다. 뭔가 후련하고 통쾌했다. 우리 교인들이 성숙하고 멋있고 자랑스러웠다. 틀린 찬송가를 온 교인이 따라서 불러 주는 그 넉넉한 배려에 감탄했다. 나는 반주자가 실수한 것을 지적해 주기보다 나도 실수에 동참하고 싶었다.

그러나 그것은 엄연한 예배 인도자의 잘못이다. 예배가 끝났을 때까지 반주자는 그 사실을 몰랐다. 한 친구가 그 이야기를 해 준 것 같다. 그런 실수 때문에 본인은 충격을 받았다. 나를 찾아와 울먹이면서 용서를 빌었다. 나는 도리어 내가 잘못한 것이라고 바로 잡아 주었다. 그러나 예배는 기억에 남을 만큼 인상적이었다.

제3장 성경 남용 죄

목사의 죄는 잘못한 죄를 들추는 것이 아니다. 목사로 살아 가려면 지고 갈 수밖에 없는 힘든 짐을 이야기하는 것이다. 목사가 아니었으면 죄가 되지 않을 수도 있다는 뜻이다. 그러기가 싫다면 목사로 사는 의미를 모르지 않을까 싶다. 목사로 살면서 가장 많이 마음 아팠던 일은 성경을 자기 마음대로 쓴 죄 같다. 남용이라는 말은 악용과 같은 뜻으로 알아 두면 좋겠다.

1. 성경은 무기가 아니다

이웃 교회에 분규가 일어나서 교회가 공황 상태가 되었다. 해결의 문이 어디에 있는지 아무도 방향을 잡지 못하고 우왕좌왕 하고 있었다. 경계선이 불확실한 양 진영으로 갈리어 누가 어느 편인지 눈치를 살피며 갈등하고 있었다. 그 교회 홈페이지에 들어가 보았다. 거기에는 전쟁을 실감하게 하는 양측의 공방전이 소름을 끼치게 했다.

공격하랴 방어하랴 모두 제정신이 아니었다. 온갖 모략과 인신 공격이 난무했다. 무슨 일로 싸우는지 그 진실을 찾기가 어려웠다. 초반에는 양측 주동자들의 인신 공격이 두드러졌다. 시간이 지나면서 싸움의 양상이 달라지고 있었다. 처음에는 돌 팔매질을 하던 싸움이 차츰 흉기로 바뀐 것이 달라졌다. 양측이 모두 교회 제직들이니까 말을 위장하기 시작했다.

그런가 했더니 성경을 흉기로 만들어 상대방을 공격하고 나섰다. 그리고 자기를 방어하는데도 성경을 방패로 쓰고 있었다. 물론 상대방도 같은 방법으로 대처하고 있었다. 읽기가 민망하고 가슴이 메였다. 이러면 안 된다는 판단이 섰다. 그 길로 인터넷을 꺼버리고 말았다. 일반 기독교 인터넷 신문에도 댓글을 보면 남을 비난할 때 성경을 도구로 쓰고 있었다.

방법을 나무랄 일이 아니라는 생각이 들었다. 성경관이 잘못 되었거나 신앙관에 문제가 있었다. 심지어 목사들까지 그런 짓을 하고 있었다. 성경을 하나님의 말씀이라고 믿는 신앙인이 성경을 흉기로 삼아 남을 비방하는 일은 죄악이다. 성경을 이용하려면 그런데 쓸 만한 글 귀가 얼마든지 있을 것이다. 아주 고성능 무기처럼 한 방에 날려 버릴 무기라도 될 수 있다. 성경의 목적을 거꾸로 쓰는 죄는 어떻게 책임질 것인지 두려운 일이다.

그러나 성경은 사람을 살리는 책이지 죽이는 책이

아니다. 그런 것을 알고도 그런다면 범죄 행위이다. 하나님께서는 그런 교회를 외면하실 것이다. 더구나 자기를 유리하게 하려고 성경을 도구로 쓰는 것은 성경을 모독하는 행위이다. 그것은 불법 무기를 만드는 것보다 더 위험하고 나쁜 짓이다. 교인이든 목사이든 성경을 마치 자기의 편리한 도구라고 생각하는 모양이다. 그것은 하나님께 큰 죄를 짓는 것임을 명심해야 할 것이다.

교인들뿐 아니라 목사들도 부적절한 성경 남용을 누가 말릴 것인지 걱정이 된다. 교인들은 몰라서 그런다고 해도 목사는 그러면 안 된다. 그렇게 말하려니 양심에 걸리는 것이 너무 많다. 목사는 누구보다 성경을 잘 안다. 마음 먹기에 따라서 얼마든지 성경을 활용할 능력이 있다. 목사가 자기에게 위험한 일이 발생하면 곧 성경으로 정당방위망을 구축하게 된다. 실제로 그런 사례를 많이 보고 있다.

강단에 서서 성경 하나로 평생을 사는 목사도 그런 죄에 빠질 수 있다. 그런 것은 정당한 논리가 아니라 구차한 변명이다. 목사가 자기 신상에 무슨 일이 있으면 성경이 먼저 떠오르게 될 것이다. 그렇다 해도 자기의 편의를 위해 그것을 쓰지는 말아야 목사답다. 요즘은 성경을 너무나 남용하고 있다. 흉기처럼 나쁘게 쓴다는 것이 세상의 종말을 보는 것 같다.

자기를 유리하게 하려고 성경을 인용하는 사례는 생각보다 깊이 뿌리를 내린 것 같다. 설령 목회를 하다가 교인들에게 협조를 구하느라고 성경을 도구처럼 써도 불법이다. 설교 중에 종종 그런 표현이 묻어 나는 것을 부인하기는 어렵다. 나라고 그러지 않았다고 장담할 수 없는 사실이다. 나쁜 의도는 아니라 하더라도 설득이 용이한 장점만 고려한 이기적인 발상이다.

성경은 만인에게 주어진 하나님의 복된 선물이다. 내게 좋으면 남에게도 똑같이 좋은 것이다. 좋은 것일수록 남에게 돌려 주는 것이 옳은 일이다. 목사에게 유리한 성경을 찾아서 자기를 위한 사전처럼 적용하면 안 된다.

흔히 그런 식으로 과장되게 교인을 설득하는 사례도 삼가해야 한다. 성경의 정신은 확고하다. 지도층에 대해서는 책망으로 일관되어 있다. 그리고 백성들에 대해서는 위로와 희망과 사랑으로 가득 차 있다. 어찌 성경을 목사가 좋은 대로 다 소비하려는지 안타깝다.

설교자가 두려운 경고의 말씀을 교인들에게 위협적으로 선포할 때가 있다. 그런 설교를 하면서 그 말씀이 목사 자기더러 하는 말이라는 것도 포함시켜야 양심적이다. 그렇게 정직하게 하는 설교라야 교인도 공감한다. 간혹 부흥사들이 그런 잘못된 방법으로 성경을 인용한다. 목사에게 유리한 성경 구절을 줄줄이 꿰어서 교인을 책망한다. 부흥사가 하는 일은 교인의 마음을 뜨겁게 하는 일이다. 목사와 짜고 하는 썰렁한 소리는 교인들이 훤히 알고 있다.

나도 한때 부흥회를 많이 다니던 때가 있었다. 가끔씩 목사들 중에 그런 주문을 할 때가 있다. 교인들이 목사의 말을 잘 듣게 길 좀 들여 달라고 한다. 그렇게 말하는 목사의 마음을 충분히 이해하고도 남는다. 나도 그 정도는 알고 있는 목회자다. 그러나 그렇게 짜고 하면 교인들은 오히려 역효과가 난다. 짜고 한다는 오해를 받게 되면 부흥사가 무슨 설교를 해도 감동을 줄 수가 없다.

내가 친한 친구 교회에 가서 부흥회를 인도한 적이 있었다. 친구를 생각해서 그 교회에 뭔가 잘해 주고 싶었다. 그런데 그 친구는 나에게 교인들을 책망해 줄 것을 바라고 있는 눈치였다. 그런 친구에게 제발 나에게 맡겨 보라고 설득했다. 나는 강단에 올라 가던 첫 시간에 친구의 기대와 반대로 말을 꺼냈다. 이 교회에 와 보니 교인들이 너무 좋은 분들 같다고 했다. 교인들은 뜻밖이라는 듯 놀란 표정으로 나를 바라 보았다. 아직 첫 인사도 하지 못했는데 어떻게 저런 소리를 하는지 모르겠다는 얼굴들이었다.

물론 내가 작심하고 던진 의도적인 말이었다. 내 예상대로 교인들의 반응은 좋았다. 자기들을 좋다는데 싫어할 이유가 없다. 이 교회에 들어서기가 바쁘게 목사가 교인들의 자랑을 얼마나 하든지 샘이 나더라고 했다. 그러면서 나는 그러면 그렇지 하고 수긍했노라고 말했다. 교인들은 뭣이 그럴 만한 것이 있을까 싶었는지 귀를 기울이고 들었다. 나는 그들이 너무 쉽게 내게로 기울고 있는 것이 재미 있었다. 그제서야 설교에 들어갔다.

"내 친구인 여러분의 목사는 마음만 착했지 별로 특기가 없는데 목회를 잘하는 것을 보니까 교인이 좋아서 그렇구나 하는 판단이 듭니다."

그런 다음부터는 다른 소리를 일체 하지 않고 성경

대로 설교만 했다. 물론 목사의 주문은 한 마디도 해 주지 않았다. 마지막 날 나는 또 한 번 친구와 그 교회를 위하여 한 마디를 선사를 했다.

"제가 제일 좋아하는 이 친구가 내 곁에 있었으면 좋겠다는 생각을 늘 하고 있었는데 이번에 보니까 교인들이 너무 좋아서 차마 그럴 수가 없을 것 같습니다. 제가 마음을 바꾸기로 했습니다."

이렇게 한 것은 거짓말이 아니었다. 목사의 이동은 항상 있는 것이다. 마음만 먹으면 그렇게 할 수가 있다. 나는 교인들의 마음을 편하게 안정시키고 싶었다. 마음에 오해가 있으면 아무 설교도 소용이 없다. 심리적 치료를 한 후에 말씀을 먹도록 한 나의 처방은 적효였던 것 같았다. 부흥회가 끝나고 얼마 후에 그 친구가 나를 찾아 왔다. 무슨 보따리를 들고 왔는데 교인들이 손수 만들어 준 선물이라고 했다. 교인들이 자기 목사에게 전과 아주 다르게 많은 관심을 보이기 시작했다는 좋은 소식이었다.

교인들이 그런 부흥회라면 매달 했으면 좋겠다고 하더라는 말을 전해 주었다. 부흥회 때만 되면 교인 잡는 소리만 하는데 그런 말 한 마디도 없어서 좋았다고 했다.

그렇게 성경을 잘 전해 주는 부흥회는 처음이었다는 말도 전해 주었다. 부흥회 말만 들어도 도망 가고 싶을 만큼 부담이 된다고 했다. 책망을 들으랴, 헌금 걱정 하랴, 한 꺼번에 매를 맞아야 하는 고역을 부흥회로 알았다.

교회는 교인들에게 잘못을 추궁하기 위해서 있는 것이 아니다. 목사가 있는 이유는 피곤하고 지친 자들에게 양식을 주고 목마른 자들에게 물을 마시게 하려는 것이다. 교회는 교인들에게 아무 것도 압박해서는 안 된다. 더구나 성경을 그런 목적으로 쓰면 큰 죄가 된다. 그렇다면 목사에게 경고하는 성경은 더 많을 텐데 그것도 함께 드러내야 한다. 목사도 교회 앞에서 문책을 받아야 교인들을 설득할 수 있다.

목사는 무슨 구실로도 빠져 나가고 교인들만 매질하는 것은 양심에 부끄러운 일이다. 모든 일에 투명한 목사라야 신뢰 받는다. 예수님도 외식하는 자를 많이 책망하셨다. 세리와 죄인을 오히려 감싸 주셨다. 누구든지 성경을 자기 마음대로 이용한다면 성경을 자기 도구로 악용하는 죄가 된다. 목사는 목숨을 바쳐 성경을 전하는 자이다. 그 사명만은 명예롭게 지켜야 한다. 마귀 권세와 대항할 말씀의 검으로 성도를 해치는 것은 불법이다.

생명의 말씀으로 이웃에게 상처를 줄 수는 없다. 진리의 말씀을 왜곡하여 남을 기만할 수도 없다. 거룩한 말씀으로 하나님께 욕되게 살 수는 없다. 성경보다 목사의 권위가 더 강하게 보이는 이상 기류는 착시 현상이기를 빈다. 성경은 목사의 도구도 아니다. 목사의 교과서도 아니다. 목사의 독점물도 아니다. 오직 생명의 양식이라는 것을 잊지 않아야 되겠다. 그래서 성경을 들고 사는 동안 목사는 평생 죄가 문 앞에 도사리고 있는 것 같은 긴장을 늦추지 말아야 된다.

2. 교인을 잘 다루는 사육법?

한국에서 특별 강사가 왔다고 하면 어디선가 목사들의 모임이 열린다. 특별하지 않는 사람은 별 볼 일이 없다. 그래서 누구나 특별이라는 단어를 이름 앞에 붙이고 다니는 시대가 되었다. 이번에는 특별한 영계의 거물이라는 목사가 왔다고 세미나 광고가 났다. 나도 한 번 가 볼 생각이었다. 그런 모임에 자주 나가는 편은 아니었다.

가까운 퀸즈 우드사이드에서 모인다기에 그 장소에 나가 봤다. 벌써 앞쪽은 먼저 온 목사들로 빈 자리가 없었다. 나는 뒷자리 중간쯤에 앉았다. 사회자가 소개를 겁나게 잘해 주었다. '겁나게'라는 표현은 좀 과장 같지만 비꼬는 뜻이 아니다. '그 목사는 영권이 워낙 강력하다'는 표현을 쓴 것 같다.

자기가 축복을 하면 눈 앞에서 기적이 일어나고, 자기가 저주를 하면 즉석에서 요절난다고 했기 때문이다. 강의가 시작되어 모두들 무슨 특종을 낚겠다고 귀를 집중시키고 있었다. 나도 그 이름은 듣고 있었으나 직접 듣는 것은 처음이었다. 어디서나 그 강의를 했던 것처럼 원고를 다 외우고 있었다.

구약의 성전 구도를 영적으로 해석하는 강의였다. 별로 특별한 강의는 아니었다. 교인의 영적 훈련을 위주로 해석하는 전형적인 부흥회 성경 공부였다. 참석자 중에 평신도는 없었다. 만일 그 자리가 교인들의 집회였다면 강사는 훨훨 날듯이 명강의를 했을 것 같았다. 나는 좀 지루하다는 느낌이 들었다. 목사들만 앉아 있으니 강의가 쉽지 않았을 것이다.

강의가 중반쯤 되었을 때 강사는 목사들에게 특별 메뉴를 제시한다고 했다. 교인을 다루는 비법을 들어 보라면서 주제와 다른 목자와 양의 관계를 설명하기 시작했다. 양의 생사여탈권은 오직 목자의 손에 있다고 했다. 그렇다면 목자는 목사요, 양은 교인이 아니냐고 해석을 덧붙였다. 그러면서 목자의 위상을 높게 추켜 세웠다.

갑자기 청중의 반응은 생기가 돋는 것 같았다. 역시 노련한 강사답게 청중을 다루는 솜씨가 남달랐다. 그러더니 목자는 사람이 아니냐고 확인을 시켰다. 그런 다음에 양은 뭐냐고 물었다. 그러더니 양은 동물, 즉 짐승이 아니냐고 쐐기를 박았다. 그렇다면 목사와 교인의 관계가 어떤 것이냐고 의기양양하게 목에 힘을 주면서 자극했다.

나는 머리가 아찔했다. 차마 그러랴 싶었던 일이 내 눈으로 내 귀로 확인하게 되었으니 말이다. 목사와 교인의 관계는 사람과 짐승의 관계처럼 차원이 다르다고 했다. 아마 그 강사가 가장 잘한다는 강의가 목자와 양의 강의 같았다. 그리고 클라이맥스가 그 장면 같았다. 내가 한 번 내 친구로부터 들었던 내용과 일치했다.

그 친구가 방송 설교를 듣던 중에 목자와 양의 관계를 그런 식으로 설교하더라고 했다. 그 친구는 어떻게 교인을 짐승으로 보느냐며 흥분을 하면서 분개했다. 그 친구가 일러 준 설교자의 이름도 기억한다. 나는 이해할 수가 없어서 아무 말도 하지 못했다. 믿어지지 않아서 설마 그러랴 하고 지나가고 말았다. 그랬던 일이 방금 기억이 났다.

그런데 내가 직접 듣고 보니 그 친구가 분노하던 이유를 공감하게 되었다. 나는 그 자리에 더 앉아 있을 수가 없었다. 그것은 목사의 죄라고 하기 보다 목사의 반란 같았다. 나는 그 강사와 인사를 나눈 적도 없다. 자리에서 일어나 '그건 아니올시다'라고 크게 소리를 지르고 뛰쳐나오고 싶었다. 그러나 다른 동역자들의 체면을 생각해서 조용히 밖으로 나오고 말았다.

교인을 짐승의 수준으로 본다는 것은 이단적 사상보다 더 사악한 막말이다. 목사와 교인은 차원이 다른 것이 아니다. 차원이라는 말은 그런 데 쓰는 말이 아니다. 목사와 교인은 모두 믿음 안에서 한 형제요 하나님의 자녀라고 성경은 가르치고 있다.

3. 목사의 입에서 악담이 쏟아질 때

목사가 교인들에게 존경을 받는 것은 너무나 당연한 일이다. 그러나 때로는 원망과 불평을 듣게 될 때도 있다. 예수께서도 유대인들로부터 미쳤다는 소리를 들었고 천박하다는 비난도 받았다. 잘못한 일로 원성을 듣는 것이 아니면 참고 견디는 것이 목사의 태도이다.

어떤 교회에 목사가 교인과 불화가 생겼다. 어디서나 볼 수 있는 일이다. 그럴 때 목사가 입는 정신적 타격은 이루 말할 수 없다. 그러나 교인이 입는 피해도 목사와 크게 다르지 않다.

그런 경우 목사와 교인이 다른 점이 있다. 목사는 교

회를 떠나지 않는다. 그러나 교인은 쉽게 교회를 떠나게 된다. 떠나가는 교인에 대한 목사의 심기는 교인이 잘 모른다. 제일 먼저 입는 충격은 배신감이다. 떠나간 교인을 쉽게 잊지 못하여 상심에 빠지게 된다. 돌아와 주었으면 좋으련만 끝까지 돌아오지 않고 관계를 끊어 버린다.

이런 경우 교인을 지키지 못한 목사의 책임도 목사는 인정해야 한다. 교인이 교회를 떠나는 이유는 여러 가지 원인이 있다. 떠나는 교인은 함께 있으면서 불화하기보다 떠나는 것이 더 바른 선택이라고 생각했을지도 모른다. 시간이 흐르고 잊혀진 교인의 소식을 풍문으로 듣게 된다. 목사가 만나서 확인한 소식은 아니지만 소문에 들은 나쁜 소식을 낚아챈다.

그 나쁜 소식을 목사가 설교 중에 교인들에게 공개한다. 그렇게 하는 것은 목사의 인격적인 추락이며 듣는 교인에 대한 모욕이다. 지금 있는 교인도 언젠가 떠날 날이 있을 수 있다. 나를 떠나 가더니 꼴이 말이 아니게 망했다는 악담이다.

목사의 입으로 신령한 말씀을 전하는데 어찌 악담을

입에 담을 수 있는지 모르겠다. 그러면 목사의 신뢰도 땅에 떨어진다. 설령 떠나간 교인이 사업 실패, 가족 사망, 자녀 탈선 같은 불행한 일이 있었다 해도 그 원인이 어디에 있는지는 알 수 없는 일이다. 그것을 마치 자기를 배신한 죗값이라고 말하는 것은 언어도단이다. 더구나 설교 시간에 그랬다면 그것은 목사의 탈선이다.

그렇게 낭패를 겪게 된 본인이 자기 죗값이라고 한다면 이해가 된다. 그러나 남의 불행을 놓고 그렇게 저주를 퍼붓는 것은 불신자라도 용납이 되지 않는 만행이다. 하물며 목사가 그런 말을 하다니 그 악담은 자신을 파멸시키는 독이 된다는 것도 알아야 될 것이다.

가끔 부흥사 목사들은 자신이 하나님의 종이므로 자신에게 반대하면 하나님께서 진노의 벌을 내린다고 말한다. 그것도 역시 부흥사의 자질에 문제가 있다. 그럼 공평하게 교인에게 못할 짓을 하면 어떻게 된다는 소리도 함께 해야 말이 된다. 그렇지 않는 목사와 부흥사가 짜고 하는 것이라면 웃기는 소리다.

그런 부흥사는 목사에게 아첨을 하는 꼴이 된다. 어

떤 부흥사는 목사에게 좋은 차를 사 주라느니 좋은 주택을 사 주라느니 말한다. 모르긴 해도 그런 부흥회가 길이 막히지 않는다면 이상할 것이다. 누가 그런 소리를 설교라고 듣겠는가. 목사의 죄는 어디까지 가야 멈출까 걱정이다.

4. 사람의 귀를 즐겁게 하는 기도

성경은 한정되게 쓸 수밖에 없다. '거룩한 것을 개에게 던지지 말라'고 하셨다. 성경을 쓰지 않아도 될 자리에 성경을 쓸 이유가 없다. 귀한 것일수록 용도가 엄격하다.

교인들이 종종 묻는 말이 있다.

"기도를 하면서 성경을 한 절 읊는 것은 누구에게 들으라고 하는 것입니까?"

하나님께 기도 드리는 엄숙한 시간에 하나님께 성경을 읊어 드리는 것은 뭔가 어색하다.

교인이 듣기에 거슬려 기도가 되지 않는다는 정도라면 고치는 것이 마땅하다. 나는 그 교인에게 명쾌하게 답할 수가 없었다. 그렇게 묻는 교인이 시험에 들 것이 두려웠기 때문이다. 성경에는 기도가 참 많이 들어 있다. 기도로 이루어지는 막대한 축복이 들어 있다. 그러나 실패한 기도를 기록하기도 했다. 성경에서 가르친 기도가 있다면 무릇 기도는 거기에 따라야 한다.

기도를 잘 하겠다는 마음만은 어느 교인이든 다르지 않다. 그런 뜻으로 성경을 인용한 것으로 믿고 싶다. 그러나 나쁘지 않다고 다 좋은 것은 아니다. 경우에 맞지 않으면 하지 않는 것이 더 좋은 것이다. 논리의 결함도 기도에는 부적절한 것이 틀림 없다.

잘못된 기도라면 여호와의 이름을 망령되게 한 결례가 된다. 결례는 죄가 아니라고 생각할 수 있다. 그러나 때에 따라서 결례도 엄연히 죄가 될 수도 있다. 모르고 한 일이라도 죄가 된다면 벌칙이 적용되는 것이 상식이다. 기도는 말을 많이 하면 결례가 될 수 있다. 예수님께서는 말이 많은 기도를 책망하셨다. 될 수 있는 한 절제된 말을 쓰는 기도가 바람직하다. 성경을 읊으면 시간이 길어진다. 그것은 기도에 방해가 된다. 성경을 하나님께 읊어 드릴 이유는 없다.

성경을 하나님의 말씀으로 믿는다면 조심스럽게 써야 한다. 때로는 아껴야 하는 것이 성경을 사랑하는 태도이다. 자기의 사랑하는 자식도 함부로 내놓지 않듯이 말이다. 기도 중에 성경을 읊는 경우는 두 가지 유형이 있는 것 같다. 하나는 기도에 품위를 돋보이게 하고 싶을 때가 아닌가 싶다. 다른 한 가지는 무슨 강조할 말을 확인시키려고 할 때 같다.

예를 들면 사람을 미워하는 것을 살인과 같다고 하셨는데 우리는 매일 살인을 한다고 말할 때이다. 그럴 때라도 성경을 인용하지 않아도 얼마든지 가능하다. 그런 습관을 고치라고 하기는 어려울 것 같다. 기도를 들으시는 하나님께서 판단하실 것이다. 성경을 한 마디 인용하는 것을 지적한 것이 아니었다. 기도를 시작하면서 성경을 길게 읽은 것에 대하여 질문한 것이었다.

엄격하게 말한다면 기도가 잘못되었으니 그 기도가 하나님께 상달되었다고 하기는 곤란하다. 그런데도 기도를 한 사람은 기도를 하였다고 생각한다면 참 불행한 신자이다. 성경에는 기도 거부의 이유가 한두 가지가 아니다. 세상에서도 헛수고라는 말은 억울하고 분한 일이다.

그렇다면 신앙의 헛수고라면 이런 일만은 없어야 되겠다.

　기도라는 것은 설교처럼 원고를 따로 쓰지 않는다. 때로는 기도 원고를 써야 할 경우가 있기는 하다. 목사는 기도와 설교가 업무의 절반 이상을 차지한다. 사람에 따라 다르겠지만 '설교와 기도 중에 어느 쪽이 더 어려운가'라고 묻는다면 답은 상당한 차이가 있을 것 같다. 나는 설교보다 기도가 더 어렵지 않을까 싶다. 설교는 즉석에서 하는 경우가 거의 없다.

　어떤 설교라도 최소한의 준비 기간이 주어진다. 그리고 원고를 작성하여 청중 앞에서 눈을 뜨고 설교에 임한다. 그러나 기도는 그와 다르다. 즉석에서 하게 되는 경우가 많다 그리고 반드시 눈을 감아야 한다. 기도를 눈 감고 하는 것은 원칙이나 법칙 같은 것은 아니다. 그러나 가장 효과적으로 하겠다는 노력이라고 보면 좋겠다.

　눈을 뜨게 되면 시야에 들어 오는 현상에 정신이 산만하게 된다. 그러면 기도에 집중하기가 어렵다. 그러므로 기도는 눈을 감는 데서 가장 자세가 바르게 된다. 예수님께서도 골방에 들어가서 문을 닫고 기도하라고 하셨다. 설교는 듣는 대상을 바라보면서 조율할 여유가 있다.

그러나 기도는 눈을 감기 때문에 집중력을 잃으면 안 된다. 그러면 기도 내용이 흔들리고 길을 헤매듯 실언할 수도 있다.

가끔 기도를 하는 중에 횡설수설하는 경우도 있다. 기도에 있어서 가장 난감한 때는 내가 하나님께 기도를 드리는지 의문이 생길 때이다. 기도하는 자신이 사람의 귀를 의식하여 기도를 꾸미고 있지나 않은지 분간이 애매할 때가 있다. 모든 사람은 기도를 하나님께 드린다고 생각하여 하나님을 부른다.

그런데 그렇게 느껴지지 않을 때가 많다. 하나님이 들으실 것 같지 않게 하는 기도가 너무 흔하다. 그 중에 문제가 되는 기도는 길게 하는 기도이다. 누가 들어 보아도 하나님께 드릴 내용은 몇 마디뿐이다. 그런데 사람을 향해 설교를 하듯 기도를 이용하는 사례도 허다하다. 그리고 사람에게 듣게 할 목적으로 선심용 기도를 조심하라고 한다.

눈을 감고 기도 소리를 듣노라면 그런 것을 확실하게 느낄 수 있다. 누구라도 교인의 귀를 지나치게 의식하여 선심 쓰듯 하는 성격의 기도를 하는 것은 기도의 잘못된 습관이라 할 수 있다. 기도는 인간과 하나님 사이에 이루어지는 거룩한 일이다.

한번은 어느 집 애기 돌 잔치에 가서 기도를 듣고 놀란 적이 있다.

들으면 좋은 기도임에는 틀림 없는 일이다. 그러나 겨우 일 년 된 아기 생일 날 기도를 하면서 너무 과분하다는 생각이 들었다. 이 아이가 세계에서 제일 가는 인물이 되게 해달라는 기도를 들었기 때문이다. 물론 그렇게 되지 말라는 법은 없다. 그러나 그것은 진실한 기도라고 할 수는 없다. 한 살 된 아이에게 그렇게 무거운 부담을 지우는 것은 잔인하다는 생각이 들었다. 아기가 들었다면 엽기적이라고 하지 않았을까 싶다.

벌써부터 세계적 인물 운운 하는 것은 전혀 말이 되지 않는다. 아무쪼록 건강하고 지혜롭게 잘 자라도록 빌어야 진실한 기도이다.

성경에도 '예수는 지혜와 키가 자라가며 하나님과 사람에게 더욱 사랑스러워 가시더라'(눅 2:51)라고 기록하였다. 어린 아기를 위하여 복을 비는 시간에 그의 부모나 조부모에게 선심 한 번 쓰겠다는 심사가 나쁠 것은 없을지 모르겠다. 그렇다고 해도 기도를 그렇게 이용하는 것은 잘못하고 있는 말 잔치 같다. 단연 그 기도로 하나님께서 감동하셨다면 아이에게 축복이 될 것이다. 세계에서 제일가는 것이 나쁘다는 뜻이 아니다. 그렇게 믿는 것을 나무라고 싶지 않다. 만일 그 아이가 알아 듣는다면 그보다 더 혹독한 짐은 없을 것이다. 그래서 비록 아이가 알아 듣지는 못한다 해도 과대망상은 삼가해야 기도라고 할 수 있다.

그런 립 서비스가 과연 기도라고 할 수 있을지 모르겠다. 기도하고 있는 자신도 그렇게 바랄 뿐이지 믿고 하는 기도는 아닐 것이다. 어마어마한 축복을 한다고 부모는 고마워했을지 모른다. 교인들의 정서가 그런 식으로 부풀려서는 곤란하다.

또 한 번은 그보다 조금 더 심한 기도를 들은 적도 있다. 그 목사는 온 세계를 지도하는 위대한 지도자가 되게 해 달라고 했다.

흔해 빠진 말 잔치가 위험 수위를 넘고 있다는 생각이 들었다. 나에게 기도를 평한다고 욕할지 모르겠지만 '너희가 많이 기도할지라도 내가 듣지 아니 하리니'(사 1:15)라는 성경말씀을 새기고 진정이 담긴 기도를 했으면 좋겠다. 황당한 립 서비스를 기도로 착각하지는 말아야 되겠다. 한국교회도 이제는 좀 더 성숙했으면 더 바랄 것이 없겠다.

이따금 교인들 중에 골치 아픈 자기 자식을 데리고 와서 기도를 부탁할 때가 있다. 건강을 빌어 달라든가 진로를 결정하는데 지혜를 구하는 기도라면 간절하게 기도할 수 있다. 그런데 명문 대학에 붙도록 기도해 달라고 할 때는 민망하다. 물론 기도를 거부할 수는 없다. 그러나 정작 본인이 어떻게 들을지 몰라 정신을 바싹 차리고 기도할 때가 있다.

그럴 때 기도하는 나는 확신에 찬 목소리로 그 아들에게 자신감이 생기도록 꼭 합격할 줄 믿는다고 기도해야 된다. 혹시 그 아들이 듣고 '뻥을 치는구나'라고 생각해도 할 수 없다. 그런데 기도를 부탁한 것은 본인이 아닌 그의 어머니이기 때문에 어머니에게 맞추게 된다. 이런 것이 목사의 죄라는 생각은 한 평생 벗지 못하고 지고 사는 형편이다.

나도 모르게 하나님께 드릴 기도를 사람의 귀를 즐겁게 하는 말로 했다면 그 외식은 어떻게 용서받아야 할지 모르겠다.

뉴욕에 있었을 때 루즈벨트 에비뉴로 차를 몰고 가다가 신호등 앞에 멈췄다. 바로 우측 현수막에 문학강연회 광고가 펄럭이고 있었다. 초청된 연사의 이름이 문학의 대가였다. 그 명성에 끌려 나도 모르게 차를 돌려 강연장으로 들어갔다.

주최측의 회원들로 자리가 거의 만석이었다. 조금 후에 연사가 나타났다. 마침 사회자가 단에 올라서서 좌석을 둘러 보았다. 나와 시선이 마주치자 재빨리 단에서 내려와 내게로 다가왔다. 그는 내게 귓속말로 개회 기도를 부탁한다고 했다. 나는 사양했다. 거기는 종교 집회가 아니었다. 아무 의미도 없이 기도를 하라니 내키지 않았다.

기도가 필요한 자리가 아니어서 입장이 난감했다. 그 대표는 뉴욕 어느 교회 교우였다. 주빈인 연사조차 기독교인이 아니었다. 그냥 강연을 들었으면 좋겠다고 설득을 했다. 대표는 나를 데리고 연사 옆 자리로 안내하고 인사도 시켜 주었다. 한국 문단에 거장을 만나 본 것만 해도 참석의 의미가 있는 듯했다.

사회자는 다른 순서가 없으니 기도라도 하고 시작하는 것이 분위기가 좋을 것 같다고 생각한 것 같았다.

"이 자리에 성직자 한 분이 오셨으니 기도를 부탁하겠습니다."

이렇게 나를 소개하며 기도를 부탁하니 나는 할 수 없이 단으로 올라갔다. 내 평생에 정말 어려운 자리가 되었다. 강연 주제와도 관계가 없고 주최측 모임과도 상관없는 불청객에게 기도를 하라는데 어찌 아니 그러겠는가.

그 객석에 목사가 나 하나밖에 없었던 것이 그런 깜짝 이벤트를 낳게 했다. 나는 연사에게 실례한다는 표시로 목례를 하고 기도를 시작했다. 지금도 잊지 못하는 그날 기도는 이러했다.

"하나님, 오늘 이 자리가 어떤 자리인지 저는 잘 알

지 못합니다. 그러나 모인 회원들이 유익한 이야기를 들을 수 있는 좋은 시간이 되게 도와 주시 옵소서."

나는 아주 짧은 기도를 했다. 연사는 원래부터 교회를 다녀 본 경험이 없다고 했다. 그 기도가 인연이 되어 몇 차례 만나 차를 마시기까지 친하게 지냈다. 두어 차례 자기 아파트로 초대해 주어서 담화를 나누기도 했다. 시간이 나면 우리 교회도 방문하겠다고 했다. 하나님과 무관한 강연장에서 하란다고 기도를 했으면 이것은 목사의 기도 남용죄가 아닐까 싶다.

5. 민망한 기도

신앙은 기도로 시작된다. 기도가 없으면 신 앙도 없다. 기도가 불확실하면 신앙이 아니 다. 예수의 제자들이 스승에게 기도를 가르쳐 달라고 요 청한 일이 있었다. 스승께서는 제자들에게 기도는 나오 는 대로 하는 것이지 배워서 하는 것이 아니라고 말하지 않으셨다. 분명하게 잘 가르쳐 주셨다. 그 기도는 기도의 표본이다.

시간은 1분 정도로 정해 주셨다. 시간은 적당히 알 아서 하라고 하시지 않으셨다. 논리 정연하게 가르쳐 주 셨다. 하나님으로 시작해서 하나님으로 끝나는 원칙도 가 르쳐 주셨다. 그 중간에 기도 순서가 조목조목 들어 있 다. 그 표본에 따라서 자기가 하고 싶은 소원을 빌면 된다.

예수님께서는 길게 하는 기도를 경계하셨다. 그리고 중언 부언을 하지 말라고 주의를 주셨다. 눈을 감고 기도하려면 길게 해서는 중언부언 하지 않을 수가 없다. 사람도 현명한 사람은 말을 많이 하지 않아도 알아 듣는다. 하물며 전지 전능하신 하나님은 이미 우리의 마음을 읽고 있으시다.

그러므로 기도는 선명하고 간결할수록 기도답다. 기도는 입에서 나오는 대로 하는 것이 아니다. 배워서 알고 기도를 해야 기도라고 할 수 있다. 기도는 내가 한다는 것이 중요한 것이 아니라 내 기도를 들어 주시는 것이 더 중요하다. 그래서 하나님께서 들으시는 기도가 기도이다.

흔히 교인들이 기도 중에 사람이 듣기에도 민망한 말을 많이 쓰고 있다. 그런 기도를 하면서 기도를 잘한 줄 안다면 하나님께 결례를 범하는 것이나 마찬가지다. 기도를 너무 꾸미고 말을 둘러대는 식으로 복잡하게 하지 말아야 된다.

한 번은 어느 교회 주일 예배시간에 있었던 일이다. 그 기도의 중요한 내용 일부는 이렇다.

"하나님 아버지, 이웃에 있는 S교회 K목사는 교회에서 사 준 고급 승용차를 교회에 반납했다고 합니다. 우리 교회 O목사도 그런 목사가 되게 하여 주옵소서."

그것은 기도가 아니다. 그런 기도는 있을 수 없다. 그것은 폭탄을 터뜨려 예배를 방해한 죄와 같다. 그 기도를 듣고도 아무 말을 하지 않는 교인들은 어떤 생각을 했을까 싶다. 그런 폭탄을 맞은 교인들은 그런 교회를 계속 다니고 싶었을까? 알고 싶다. 하나님께 그런 기도가 상달된다고 믿었을 리는 없다. 교회를 능멸한 그런 기도를 한 사람이나 들은 사람 모두가 불행한 사람들이 아닌가 싶다.

그 교회 목사는 60세가 조금 넘은 건장하고 성실한 목회자였다. 그 목사는 그 길로 조용히 돌아가서 신변 정리를 하기 시작했다. 그런 다음에 교회를 사임하였다. 다시 임지를 찾지 않고 그 길로 은퇴하고 말았다. 그래도 목사가 목사답다는 생각이 들었다. 참으로 책임감이 투철한 존경스러운 목사 같다.

나는 그 목사의 용기 있는 결단이 존경스러웠다. 그런 교회에서 싸울 수도 없고 그런 장로를 처벌할 생각도 없었다. 모든 것을 내려 놓고 하나님께 맡김으로 목회를 마감하였다. 그런 욕심 없고 깨끗한 처신에 감동할 따름이었다.

기도를 들어 보면 그 사람의 신앙과 교양과 심성을 읽을 수 있다. 기도는 말로 하지만 마음에서 나오는 것이다. 마음이 청결하지 않는 악한 말로는 기도가 될 수 없다. 하나님께 드리는 기도는 깨끗하지 않으면 무효이다.

기도가 부실하면 개인도, 교회도, 신앙도 아무것도 서지 못한다. 기초가 든든한 집과 같이 기도가 든든한 데서 신앙은 잎사귀가 마르지 않은 나무처럼 건강을 지켜 가는 것이다.

6. 중언부언하는 비도(非禱)

기도는 사람이 하나님께 비는 성스러운 일이다. 기도는 눈을 감고 엄숙하게 겸비한 마음으로 시작부터 끝까지 정중하게 드려야 한다. 기도는 드리는 사람보다 기도를 들으시는 하나님 편에 더 큰 비중이 있다는 것을 잊으면 안 된다. 사람이 제 아무리 기도를 잘 드려도 하나님께서 듣지 않으시면 기도가 아니다. 자기는 하노라고 했지만 그 소리가 하나님에게 들리지 않게 했다면 그도 역시 기도라고 할 수는 없다.

그것을 누가 정하느냐는 것은 어려운 문제로 남는다. 그러나 성경에는 분명하게 밝히기를 많이 기도한다고 듣는 것이 아니라고 했다. 말을 일관성 없이 중언부언하는 것도 듣지 않는다고 했다. 그럼 그것은 기도가 아니라

비도(非禱)라고 하면 어떨까 싶다. 우리는 기도인지 비도인지 상관 없이 일방통행으로 밀어붙이는 때가 많다. 사람과 사람이 마주 대화를 할 때도 말을 하다 말고 자리를 뜨면 큰 실례가 되고 상대방을 무시하는 결례가 된다.

하물며 인간이 하나님께 기도를 드리다 말고 딴전을 피운다면 이는 하나님을 능멸하는 것이나 다름 없다. 더구나 다른 사람의 기도를 방해하는 경우도 같은 죄가 될 것이다. 제발 기도를 아무렇게나 함부로 하지 말라는 것이다. 한 나라의 대통령 앞에서도 말을 함부로 하지 못한다. 그렇듯이 하나님께 기도하는 자라면 당연히 말이든 몸가짐이든 똑바로 해야 할 것이다.

그런데 간혹 큰 교회 목사들이 기도하는 것을 보면 너무나 어이 없을 때가 있다. 마치 자기가 하나님으로 착각하는 것 같다. 온 교인들이 모인 예배 시간에 높은 단상에서 열심히 기도하다가 병자들을 위해 기도하면서 생기는 일이다. 병자들이 한두 명이 아니라 수도 없이 많다는 것을 목사가 잘 알고 있다. 그래서 하나님께 이렇게 구하면 된다.

"악한 병마를 물리쳐 주시옵소서."

이것이 기도다. 그런데 자기가 이렇게 외친다.

"악한 병마야, 물러 가라!"

이것은 잘못된 비도(非禱)라고 해야 되겠다. 지금 하나님께 이런 저런 소원을 빌고 있는 중인데 하필 그 대목에서만은 자기가 명령을 한다는 것은 논리에 맞지 않는다. 기도일수록 논리에 결함이 없어야 하는 것이 기본이다. 말도 안 되는 것이라면 기도가 아니다. 하나님이 전능하신데 하나님께 빌면 될 것을 자기가 명령을 하는 것은 '자기도 할 수 있다'는 오만이다.

교인들이 들었다면 '목사도 권세가 있다'고 믿게 될 것이다. 이런 것은 월권이다. 교인들의 정신을 혼란하게 만든 것밖에 되지 않는다. 왜 그러는지 모르겠다. 기도는 하나님을 위협하는 것이 아니다. 하나님께서 못 하실까봐 그러지는 않을 것이다. 그렇다면 뭘까? 교인들에게 능력 있게 보이려는 얄팍한 꾀를 부린 것에 불과하다. '하나님이 안 되겠으니 내가 한다'는 생각은 아닐 것이다.

기도는 겸손하게 비는 것이다. 이런 사례가 워낙 많

아서 덮고 넘어가는 것인지 그렇게 해도 상관 없는 것인지 모르겠다. 작은 교회에 서도 그렇게 하는지 모르겠다. TV 영상으로 보는 중에 그런 광경을 보았기 때문에 이런 말을 하는 것이다. 아마 큰 교회 목사들은 그렇게 하는 것이 권위가 있는 것처럼 보이는지 모르겠다.

또 한 번은 방송 설교를 듣는데 자기 교회 예배 실황 같았다. 교인 들의 아멘 소리가 작다고 교인들을 책망했다.

"아멘 소리 더럽게 작다."

어떻게 신성한 교회 강단에서 더구나 예배 중에 그 것도 설교자가 '아멘 소리가 더럽게 작다'는 말은 실수가 아니라 큰 교회 목사라는 오만이 저지르는 불손 같았다. 다른 표현을 얼마든지 할 수 있는데 어떻게 자기 교인들을 앞에 두고 더럽다는 말을 할 수 있는지 하나님도 두렵지 않기에 그러는가 싶다.

4장 사도 폄하 죄

성경에는 교회의 구조를 설명하고 있다.

"하나님이 교회 중에 몇을 세우셨으니, 첫째는 사도
요, 둘째는 선지자요, 셋째는 교사요, 그 다음은 능력을
행하는 자요, 그 다음은 병 고치는 은사와 서로 돕는 것
과 다스리는 것과 각종 방언을 말하는 것이라."(고전 12
: 28)

여기에서 앞부분은 첫째, 둘째, 셋째로 표기했다.
그 다음 다른 직분은 '다음(次)'으로 표기했다. 아주 적절
하게 교회 조직을 설명해 주고 있다. 앞에는 지도자, 다
음은 봉사자로 아무 혼란이 없게 구분했다.

교회를 책임지고 섬기며 목회하는 목사와 교인들은
성경의 가르침을 잘 따라야 한다. 하나님이 세우신 교회
조직을 주의 깊게 살펴야 할 일이다. 이 성경을 기록하던
시대 이야기를 오늘은 어떻게 이해하는지 확실하게 해 두
어야 할 일이다.

지금의 교회는 전혀 그런 구조가 아니다. 당시에는
사도들이 생존해 있었다. 그래서 자연스럽게 이해가 되었
을 것이다. 그러나 지금은 그 첫째, 둘째, 셋째의 세 가

지 기능을 목사가 담당하고 있다. 사도는 주님의 부활을 직접 목격한 산 증인이다. 그 다음 시대는 누구도 사도라는 호칭을 사용할 수가 없다. 다만 사도의 일을 누가 계승하고 있는지 그것만 알면 될 일이다.

당시에 사도의 역할을 지금은 목사가 대행하고 있는 것은 확실한 일이다. 비록 호칭은 달라도 사도의 직무를 계승하고 있는 것은 주님의 명령을 계속해서 준수하고 있는 것으로 믿는다. 혹시 목사가 사도라면 지금도 성경을 집필할 수 있지 않을까 생각하는 것은 언어도단이다. 또는 사도처럼 권능을 행사하려고 사도의 흉내를 내어서도 안 된다. 그런다면 큰 혼란이 올 것이다.

그런 사고가 생긴 적이 있었다. 교인을 미혹하는 사도를 사칭하는 집단이 어느 시대에나 나타나곤 한다. 다만 우리는 사도들이 교회를 어떻게 섬겼는지 그것을 배우고 또 가르치는 것이다. 사도들이 복음을 전하여 교회를 세웠던 일을 우리가 물려 받은 것이다. 그 교회를 지금도 목사가 그대로 지키고 발전시켜 나가고 있다. 그런 의미에서 목사가 곧 사도에 해당한다.

예수님의 열두 제자가 모두 사도는 아니다. 예수님의 부활을 증거한 제자들을 사도라고 불렀다. 사도들이 다 떠나고 난 다음은 사도를 이어 성직자들의 호칭이 시대마다 조금씩 다르게 쓰여지기도 했다. 비록 지금에 와서는 '사도'라는 명칭은 쓰지 않지만 교회의 당회장이면 첫째가 아니라고 할 수가 없다. '첫째'라는 말의 뜻은 질서의 중요성을 말한다.

마찬가지로 교회의 질서상 목사가 가장 중요한 위치에 있다는 것만은 더 말할 것이 없다. 기독교는 사도의 증언으로 출발했다. 예수님은 부활 후에 사도들 외에는 누구에게도 자기 부활을 공개하지 않았다. 부활은 엄연한 사실임에도 불법 증인, 불법 재판을 맡은 자들 앞에서는 부활을 선포하지 않았다. 이 사건보다 더 큰 미스터리는 없다. 당당하게 자기를 정죄한 자들에게 부활을 확인시켰어야 옳았다.

그러나 왜 그런 절호의 기회를 침묵으로 일관하셨는지 그 이유를 스스로 말씀하지 않으셨다. 거기에 예수님의 큰 뜻과 참 모습이 나타나고 있다. 입만 벌리면 거짓

말만 하는 저들에게는 부활을 알려 줄 필요가 없었다는 뜻이 아닐까 싶다. 예수의 부활마저 왜곡하는 것을 허용하지 않으시려는 뜻 같기도 하다.

　　오직 주님의 부활을 사도들로 하여금 전파하게 하심으로 복음이 복음 되게 하신 것은 틀림 없는 것 같다. 자기 몸을 다 내어 주시며 인간들이 하고 싶은 모든 악을 다 자행하게 놓아 두셨다. 예수님은 더 줄 것도 더 할 일도 없었다. 그 다음 일은 인간들이 할 몫이었다. 그 일을 사도가 맡았다. 예수님께서 이루어 놓으신 일을 정립하는 교회를 먼저 세우셨다.

　　그리고 예수님의 뜻과 가르침과 명령을 기록하여 예수님을 역사 위에 우뚝하게 올려 놓았다. 이런 엄청난 과업을 사도들은 유감없이 성공시켰다. 예수님께서는 사도들이 그렇게 할 수 있는 마음 밭을 삼 년간 가꾸셨다. 목사라면 예수님을 대신할 사도의 정신과 정서를 그대로 본받아야 한다. 그것이 교회를 건강하게 할 것이다. 그렇다면 목사는 사도를 깊이 알아야 한다.

　　그리고 열심히 배우고 닮아야 할 것이다. 사도행전

을 교회역사의 원년으로 보는 눈을 밝게 떠야 한다. 그것이 가장 안전한 목사의 기반이 될 것이다. 모든 교회가 사도행전의 모습을 교회의 모체로 삼는다. 그런데 초대교회에 비하면 오늘의 목사들은 사도와 너무나 거리가 멀게 느껴진다. 그것도 부족한지 사도를 폄하하는 일이 너무 흔하다. 이런 것은 목사의 죄 중에서도 가장 큰 죄이다.

기독교는 베드로와 바울 두 사도가 아니면 출발부터 어려웠을 것이다. 그런데 베드로를 무식하다는 말을 예사로 해댄다. 어떻게 목사의 입에서 그런 말을 할 수 있는지 한심할 뿐이다. 베드로가 무슨 일 때문에 무식하다는 소리를 들어야 하는지 묻고 싶다. 단 한 번도 베드로가 그런 사고를 일으킨 적이 없다. 베드로를 성격 파탄자처럼 혹평하는 목사도 보았다.

성질이 더럽게 나쁘다는 목사도 많이 있다. 베드로가 무슨 일을 잘못해서 그런 소리를 듣는지 그것도 알고 싶다. 예수님은 베드로를 누구보다 사랑하셨다. 그런 예수님을 보아서도 함부로 베드로를 평가절하하는 죄는 범하지 말아야 한다. 베드로를 경거망동하는 철딱서니 없는 자라고 모욕까지 서슴지 않는다. 그러니 어찌 목사의 죄를 말하지 않을 수가 있을까 싶다.

바울의 경우도 목사들이 설교 중에 바울 같이 악한 사람도 선한 사도가 되었다고 한다. 사울이 바울이 되듯이 죄인이 의인이 되라고 설교를 한다. 이런 말을 조심 없이 한다면 목사의 자질을 의심 받게 될지 모른다. 바울은 원래 악한 사람이 아니다. 경건한 바리새인이었다. 성경에 통달한 학자이며 하나님을 섬김에 있어서 누구보다 성실한 교인이었다.

다만 그는 예수님을 한 번도 만나 본 적이 없었다. 당시 유대교가 이단으로 정죄한 예수를 핍박한 것뿐이다. 하나님께 충성하기 위해 그렇게 한 것이다. 추악한 죄인이 아니라 예수를 몰랐던 것뿐이다. 예수님을 하나님의 아들이 아니라는 당시 교회의 방침을 따라 유대교회에 충성을 바친 것이다. 바울도 역시 예수님이 미리 자기 그릇으로 찍어 놓은 인물이었다.

몰랐던 시절에 예수를 핍박한 것은 죄가 아니라는 뜻이 아니다. 바울은 나쁜 짓을 한 죄인이 아니라는 뜻이다. 정의를 위하여 예수를 핍박했던 것이다. 바울은 예수님을 몰랐다. 그의 부활도 몰랐다. 예수님께서는 바울을 그런 줄 아시고 계속 지켜 보고 계셨다.

그 깊은 뜻을 우리는 알지 못한다. 예수님께서 바울을 부르시던 그 날 바울은 참으로 위대한 인물이었다는 사실이 증명되었다.

예수께서 왜 바울이 아니면 안 될 큰 사명을 그에게 맡기려고 하셨는지 감격할 따름이다. 바울이 예수님을 만났다는 것은 누구나 알고 있다. 그런데 예수님의 말씀을 듣고 한 마디도 토를 달지 않는다. 그 짧은 순간에 만나고 나서 충분히 예수님을 받아 들였다. 한 마디의 언급도 없이 순순히 굴복하는 그런 위대한 인물이었다.

감히 그런 시각을 가진 자가 사도를 바로 알고 있다고 할 수 있는지 모르겠다. 그런 잘못된 눈을 가지고도 성경을 바로 보고 전파할 수 있을지 걱정된다. 베드로와 바울은 손톱만큼도 우리가 폄하할 일이 없다. 베드로는 무식하지도 않다. 성격도 장부답고 훌륭하다. 그의 혈기처럼 보이는 열정도 다른 사람에게 없는 베드로만의 용기라 할 수 있다.

바울은 자기가 '죄인의 괴수'라고 당당하게 증언한

다. 그러나 제 삼자가 남의 죄를 말하는 것은 신앙인답지 못하다. 목사라도 베드로나 바울의 죄를 논할 자유가 주어진 것은 아니다. 더구나 교회 앞에서 그런다면 큰 과오를 범하는 것이다. 나쁜 사람이 좋은 사람으로 되는 이야기를 그렇게 인용하면 틀리는 말이다. 교인들이 그렇게 들으면 성경에 오해가 생긴다.

설교자들이 자주 범하는 오류가 있다. 마치 죄를 많이 짓고 엉망진창으로 노는 사람을 들어쓰는 것처럼 왜곡한다. 성경에는 그런 인물은 어디에도 없다. 죄를 많이 짓고 문란하게 살아야 회개가 멋이 있는 것처럼 미화하는 것은 죄를 조장하는 저질 설교자다. 하나님이 들어 쓰는 인물은 그럴 만한 이유가 있다는 말이 설득력이 있다.

1. 복(複) 사도

사도행전은 '사도들이 행한 전기'라는 뜻이다. 그러나 열한 사도의 열전 같은 흔적은 찾아 볼 수 없다. 다만 두 사도에게 모든 활동이 집중되어 있다. 이런 것은 의도적으로 복음의 정체성을 확보하기 위한 노력으로 볼 수 있다. 산발적으로 사도들의 활약을 기록하다 보면 하나의 신앙으로 집중시킬 수가 없다. 처음부터 분열을 방지하기 위해 무척 노력한 것 같다.

초대 교회는 베드로와 바울, 그 두 사도의 기록이라 할 만큼 확실하게 그 활약을 전해 주고 있다. 다른 사도의 행적은 그 두 사도의 행적 안에 포함되어 있다. 이런 것이 예수의 하나 되게 하고자 하는 뜻이다. 여러 사도의 이름을 난립하여 혼란에 빠지지 않게 하나로 압축한 것은 성령의 하나 되게 하시는 역사일 것이다. 이처럼 신비한 사도행전을 바로 볼 수 있기를 바란다.

예수님께서는 열한 사도 중에서 한 사람만을 골라 세우셨다. 그리고 그 밖에서 한 인물을 추가하여 따로 한 명을 더 세우셨다. 그래서 둘인데 둘로 만들지 않으려고 한 짝으로 묶으셨다. 그래서 두 사도를 '복(複) 사도'라고 해야 뜻이 통할 것 같아서 내가 그렇게 이름을 지어 본 것이다. 그런데 복 사도는 생소하고 좀 거부감이 생기지 않을까 걱정스럽다. 나도 어디서 들었던 것은 아니다. 성경을 상고하던 중에 떠오른 것이다.

부활 사건은 새로운 시대를 여는 것이다. 또 다른 역사의 시작이라 할 수 있다. 복음시대 초기에 열두 제자를 세웠으나 십자가 사건 전날 밤에 제자들은 모두 달아나고 말았다. 그것은 예수님의 옛 조직이 해체된 것이나 다름없다. 예수님의 공생애는 사실상 끝났기 때문이다. 예수님께서 직접 스가랴서를 인용하여 목자를 잃으면 양들은 흩어진다고 증명하셨다.

이것은 일시적인 해산이 아니라 목자이신 예수님의

시대는 십자가까지라는 암시와 같다. 지금부터는 각자가 부활의 증인들로서 땅 끝까지 스스로 가야 하기 때문이다. 이전 같이 날마다 예수님을 따라 다니는 시대가 아니다. 그래서 새로운 구심점이 필요했다. 예수님께서는 베드로를 후속 목자라고 지명하여 주님을 대신할 새 시대의 구심점이 되게 하셨다.

베드로는 예수님의 모든 것을 보고 배운 경험자요 실력자였다. 다른 제자들은 베드로의 동문처럼 자연적으로 역할이 부여되었다고 볼 수 있다. 그러나 기준은 엄격한 하나로 정해 주셨다. 주님의 부활 후에는 전 세계로 천국 복음의 확장이 불가피했다. 그래서 두 사도에게 각각 다른 임무를 맡기셨다. 그 둘을 같은 장소에서 동시에 세우지 않으셨다.

각기 다른 배경을 가진 두 사람을 다른 시간에 다른 곳, 다른 환경에서 부르심으로 복음 천하의 실현이 가동되었다.

예수님은 삼 년간 자기 제자들에게 많은 것을 가르쳐 주셨다. 그런데 예수님께서는 복음서의 한 자도 직접 기술하지 않으셨을 뿐만 아니라 중요한 문헌에 관해서도 단 한 마디도 언급하지 않으셨다. 즉 내가 떠나간 다음에 기록을 어떻게 하라는 지시가 없었다. 어떤 형식으로도 암시한 적도 없었다. 그것은 아주 중대한 일이었다. 예수의 증인들까지 다 죽고 난 다음에는 반드시 기록해야 할 일이었다. 그런 중대한 업무를 누구에게도 언급하지 않았다는 것은 이해하기가 어렵다. 그런데 제자들은 자기들이 무엇을 해야 하는지 깨닫고 그 일을 유감없이 해냈다. 이런 것이 주님의 묵시적 교육이다. 기록하지 않을 수 없게 언어보다 더 확실한 영감으로 깊게 새겨 주신 까닭이다. 사도들은 예수님의 뜻을 가감 없이 기록하여 후대에 물려주었다. 주님의 뜻과 일치하는 정경을 탄생시킨 것이다. 이 얼마나 신비한 일이었는가! 생각할수록 감격스럽다.

예수님께서는 자기 제자들을 신뢰하시고 그 뒤의 일은 그들에게 일임하셨다. 자기의 권한과 임무를 모두 양도하셨다. 우리 상식으로 표현하자면 그 양도 증서에 명의는 '베드로'라고 지명하셨다. 그리고 사도들로 하여금 교회를 세우게 하시고 지키게 하셨다. 사도의 교회가 곧 주님의 교회이다. 사도의 증거가 주님의 뜻이다. 목사는 사도를 신뢰함으로 목사가 된다. 신학교는 목사의 입문이다. 기초 학습이라는 뜻이다. 목사가 되는 그 날부터는 사도학을 혼자서 터득해야 참으로 옳은 목사가 될 수 있다.

주님께서 가르쳐 주신 복음 선교는 단식이 아닌 복식이다. 둘씩 둘씩 짝을 지어 보내셨던 그 뜻을 기억해야 된다. 주님의 최후 선교 명령도 복수로 구도를 잡으셨다. 내부에서는 베드로 한 사람, 그리고 외부로부터 바울 한 사람을 더 추가하여 둘을 사도로 세우셨다. 복식은 균형을 유지하기 위해서다. 치우치지 않게 원칙을 세우셨다. 좌우, 전후, 상하, 낮밤, 동서 등을 아우른다.

그 둘을 베드로와 바울로 압축하여 모든 목사의 표본으로 삼으셨다. 모든 사도나 모든 목회자가 그 두 사도를 알고 있어야 한다. 그 복식 사도의 선교 전략을 모르면 목회는 불가능하다. 하루가 오전과 오후이듯이 복음의 역사도 그렇게 이루어진다. 베드로는 아침에 주님께 부름받고 아침에 체험을 했다. 그러나 바울은 오후에 주님께서 찾으셨다. 그 순간부터 빛을 잃고 캄캄한 밤을 만들어 출발시키셨다.

복음 전선에는 밤과 낮이 없다는 신호라고 이해해도 된다. 목회도 낮과 밤이 없다. 밤에 목자들이 자기 양떼를 지키고 있었을 때 주의 천사가 나타났다. 예수님께서 탄생하시던 날, 오직 양을 지키던 밤의 목자에게만 그 기쁜 소식을 전해졌다. 베드로와 바울을 각각 '아침의 사도', '저녁의 사도'라고 부를 수도 있을 것 같다. 베드로와 바울의 완벽하고 탁월한 조화는 성경 속에 너무나 잘 나타나 있다.

사람은 누구도 반 쪽만으로 살고 있다. 남자, 여자, 그것은 한쪽 또는 반쪽을 의미한다. 남자 혼자 천 년을 살아도 혼자일 뿐이다. 남자에게 여자가 하나 더하면 다른 무수한 인간이 불어난다. 이것이 우주의 법칙이다. 인간은 누구를 만나도 만나게 되어 있다. 그 결정적 파트너가 운명을 좌우한다. 단지 부부만이 짝이 아니라는 것을 알게 될 때 자기의 존재를 알게 된다.

2. AM 베드로

그날 아침은 설레게 좋았고 놀랍게 감동했다. 새벽에 나타나신 주님께서 고기를 잡아 주셨고 뭍에 올라 와 보니 숯불이 피어 있었다. 그 위에 떡과 고기도 놓여 있었다. 잠시 후에 구운 떡과 고기, 그리고 방금 잡은 고기도 구워 아침 식탁을 주님께서 베풀어 주셨다. 그렇게 좋은 아침은 처음 있는 일이었다.

복음서 기자는 이 장면을 아주 감동스럽게 기록해 주고 있다. 십자가에서 처참하게 돌아가신 스승님을 자기들 눈으로 똑똑히 보았던 제자들이었다. 그 분께서 다시 살아서 자기들 앞에 나타나셔서 아침을 먹자고 하시는데 아침을 먹으면서 아무도 입을 열지 않았다고 자세하게 기록해 놓았다. 이 장면을 이해하기가 여간 어렵지 않다.

베드로는 좀 요란한 성격을 가진 다혈질로 알려져 있다. 그런 베드로가 입을 닫고 있었다는 것이 무엇을 뜻하는지 알 수는 없다. 다른 제자들 역시 궁금한 것을 참지 못하는 성급한 사람들이었다. 그런데 조용히 앉아 있었다. 예수님이 물 위로 걸어서 배에 올라 가셨을 때 모든 제자가 다 엎드려 "과연 하나님의 아들 이로소이다' 라고 경배했다.

지금 제자들도 그때처럼 놀라야 된다. 그런데 그러지 않았다. 큰 기적 앞에서는 감격하던 제자들이 죽었다가 살아 오신 주님 앞에서 어찌하여 그처럼 무덤덤하게 침묵으로 일관했는지 모르겠다. 많은 설교자들은 어리둥절했을 것으로 생각한다. 이 장면이 참 묘한 생각을 일으키게 한다. 제자들은 어이가 없어서 말을 못한 것이 아니라 그럴 자격이 없다고 생각하지 않았을까.

다른 각도에서 보면 부활이 어떤 것인지 잘 보여 주는 것 같다. 누가 감히 부활을 증명할 수 있을까 싶다. 누가 감히 부활을 설명할 수 있을까. 상상을 초월하는 부활을 눈 앞에 보고 있는데, 무슨 말을 할지 그럴 능력이 없었다. 들어 본 적도 없고, 본 적은 더구나 없는 부활의 주인공을 보고 있다는 것만으로도 벅차고 놀라웠다. 차라리 말을 하는 것이 실례가 될 것 같았는지 모른다.

식사 후에는 더 감동스러운 일이 벌어졌다. 지금까지 제자들을 인도하여 오셨던 선한 목자 예수님께서 자기 목자의 지팡이를 넘겨 주실 위임식을 거행하셨기 때문이다. 삼 년간 목자를 따라 다니던 제자들 중에 주님께서는 베드로를 호명하셨다. 베드로는 전혀 예측하지 못했던 일이었으나 주님은 오래 준비하신 일 같았다. 삼 년 전 제자를 부르실 때도 베드로를 제일 먼저 부르셨다.

그것은 우연한 일이 아니었다. 그날도 오늘과 같은 바닷가였고, 시간은 아침이었다. 그날도 많은 사람이 지켜 보았고, 오늘도 여러 제자가 함께 지켜 보고 있다. 주님께서는 베드로와 인연을 은밀하게 맺지 않으셨다. 천국 복음은 만백성에게 밝게 증거 되어야 한다는 뜻인 듯하다. 주님께서는 누구와도 사사롭게 인연을 맺지 않으셨다. 주님은 천국 복음의 일꾼을 공개된 곳에서 찾으셨다.

그리고 장차 자신이 이 땅을 떠난 후에 자기 양을 돌볼 목자도 미리 봐 두어야 했다. 과연 누가 적임자일지 찾기란 쉬운 일이 아니었다. 주님은 오늘과 같은 날이 올

것을 미리 내다 보고 계셨다. 그렇게 마음에 두었던 베드로가 지금 눈앞에 앉아 있다. 베드로는 주님의 기대에 누구보다 뛰어나게 보답했다. 처음 만났던 날 바닷가에는 수많은 인파가 모여 있었다.

그들은 주님께 말씀을 듣고 싶었다. 베드로는 그 무리들 속에 들어 있지 않았다. 베드로는 밤새 고기를 잡고 있었다. 그러나 허탕만 치고 빈 배를 육지에 정박시켰다. 그물을 씻어 놓고 집으로 가야 할 시간이었다. 주님께서는 그 많은 군중의 방문을 말씀으로 채워 주셨다. 주님은 그 자리에서 베드로를 발굴하셨다. 어떻게 하여 베드로를 만나셨는지 흥미로운 일이다.

주님은 일하는 베드로를 보셨을 뿐이다. 베드로는 어부였다. 어부를 제대로 알려면 고기 잡는 솜씨를 봤어야 했다. 그러나 주님의 안목은 달랐다. 고기를 잡지 못한 베드로를 눈여겨 보셨다. 고기를 한 마리도 잡지 못한 빈 그물을 손질하는 베드로를 보셨다. 그 일은 허드렛일이다. 아낙들이 하는 설거지 같은 뒷일이다.

성경에는 '베드로가 그런 일을 하고 있을 때 주님이 말을 걸으셨다'고 기록했다. 주님은 베드로에게 배를 좀

썼으면 좋겠다고 청을 했다. 베드로는 자기 배를 선뜻 쓰시라고 허락했다. 그런 베드로를 주님께서는 쓸 만한 그릇으로 챙기셨다. 허드렛일을 꼼꼼하게 하는 남자에게 후한 점수를 주셨다. 밤새 헛수고만 했으니 마음이 편할 수가 없었다. 그런 우울한 시간에도 짜증 부리지 않고 남에게 호의를 베푸는 남자를 천국 일꾼으로 보셨다.

　삼 년 동안 수많은 일들을 겪으면서 베드로는 주님을 실망시키지 않았다. 베드로는 출발부터 주님을 감동시켰다. 깊은 데로 가서 고기를 잡으라고 하셨을 때 베드로는 가고 싶지 않았다. 왜냐 하면 고기 잡는 일은 베드로가 더 잘 알고 있기 때문이다. 그 시간에는 거기에 가도 고기가 잡히지 않을 것을 알았기 때문이다. 주님께서도 베드로의 그런 생각을 아시고 해 본 소리 같았다.

　그런데 뜻밖에도 베드로는 가겠다고 했다. 그러면서 이유를 말하고 갔다. 그 이유가 마음에 드셨을 것 같다. 밤새 헛수고를 했으니 지금도 그럴 것이라고 말하고 주님을 존경하는 마음으로 간다고 했다. 많은 목사들은 베드로가 고기를 잡기 위해서 갔다고 말한다. 그것은 성경을 건성으로 보았기 때문이다. 거기에다 한술 더 보태어서 순종하고 갔더니 대박이 났다고 한다.

베드로는 순종한 것이 아니다. 순종은 그렇게 하는 것이 아니다. 순종은 아무 말하지 않고 순순히 간다는 뜻이다. '별 볼일 없어도 주님이 가라 하시니 가겠습니다.'라는 것과 '고기를 잡으라고 하시니 고기를 잡겠다'고 간 것과 차이는 하늘과 땅의 차이다. 베드로는 나중에 고기가 잡힌 것을 보고 놀라고 주님께 엎드려 사죄했다는데 성경을 도대체 어떻게 읽고 있는지 이해할 수가 없다.

누가 뭐라 해도 베드로가 두각을 나타낸 시기는 아마도 '주는 그리스도시요 살아 계신 하나님의 아들이시니이다'라고 했던 때가 아닐까 싶다. 모두들 그렇게 생각할 것 같다. 그렇게 말하여 베드로는 일약 스타가 된 날이다. 지금까지도 그 말은 불변의 신앙 고백으로 통한다. 그러나 그 자리에서 베드로는 주님으로부터 씻을 수 없는 수모를 당했다. 주님께서는 방금 베드로를 극찬하여 주변 사람들을 놀라게 하셨다.

"네가 한 말은 하나님이 너를 시켜서 한 말이다."(마

16:17) "너는 반석이다."(마 16:18) "내가 천국 열쇠를 너에게 주겠다"(마 16:19) 등등 이루 상상할 수 없는 찬사를 퍼부어 주셨다. 그러신 주님께서 어떻게 "사탄아 내 뒤로 물러 가라. 너는 나를 넘어지게 하는 자로다."(마 16:23)라고 하실 수가 있느냐는 것이다. 방금 천국 열쇠를 받은 베드로가 사탄이 되었다는 말인가? 이 사건도 여러 제자들에게 교과서 같은 교훈을 남긴다.

인간은 넘어질 수 있다. 아무리 훌륭해도 사탄에게 유혹 당한다는 본보기였다. 그러나 그 사건으로 베드로는 다시 한 번 주님의 인정을 받는다. 무슨 일로 인해서 주님의 책망을 들었는가 생각해 봐야 한다. 그 날 그 자리에서 주님은 비로소 심각한 발표를 하셨다. 주님이 박해를 받아 죽게 된다는 예고를 하셨다. 자기 선생이 죽는다는 데 가만히 듣고만 있다는 것은 도리가 아니다.

다른 제자들은 아무 반응이 없었다. 아마 무슨 뜻인지 몰랐을 가능성이 크다. 그러나 베드로는 알고 모르고 간에 그럴 수는 없다고 판단했다. 감히 누가 주님을 죽이려 한다는 말이냐고 그 사실을 부정하고 나섰다. 사람이 죽는다는데 잠자코 있는 사람과 펄쩍 뛰면서 막으려고 흥

분하는 사람이 있다면 어느 쪽 사람을 더 좋게 봐야 되겠
는지 각자가 판단해 볼 일이다.

　베드로는 비록 사탄이라는 말을 들었을 망정 주님
을 사랑하는 마음만은 높이 평가 받아야 마땅하다. 주님
을 살릴 수 있다면 자기는 사탄이 되겠다는 용기가 어찌
비난 받을 일일까 싶다. 베드로는 그런 데서 다른 제자와
현저한 차이를 보였다. 더구나 최근에 있었던 몇 가지 일
도 그랬다. 주님이 잡히시던 날 베드로를 주목할 필요가
있다. 칼을 뽑아 말고의 귀를 내리친 사건이다.

　제사장의 종이라는 자가 주님의 제자를 회유하여 매
수한 첩자가 있었다. 그런 간교한 자를 그냥 둘 수가 없
었다. 기어이 체포 작전의 앞잡이 노릇을 하고 있는 그를
제자로서 그냥 두고 보고만 있을 수가 없었다. 칼과 망치
를 들고 짐승을 잡으려 하듯이 다가오는 그들을 보고만
있기에는 양심이 허락하지 않았다. 베드로는 앞뒤 볼 사
이 없이 칼을 내리쳤다.

　같은 날 또 한 가지 사건이 있었다.

　"오늘 밤 너희가 다 나를 버리고 버리리라."(마

26:31)

이렇게 예수께서 말씀하셨을 때 베드로는 자신은 주님 곁에 남으리라 장담했다.

"모두 주를 버릴지라도 나는 결코 버리지 않겠나이다."(마 26:33)

결국 제자들은 모두 달아 났다. 그러나 베드로는 혼자서 주님을 따라 나섰다. 주님은 누구에게도 자기를 따라 오라고 한 적이 없다. 그런데 베드로는 따라가겠다고 우겼다. 그러나 주님을 따를 방법이 없었다.

몇 겹으로 포위를 하여 끌고 가는 삼엄한 경계를 베드로의 힘으로 감당하기는 역부족이었다. 그러나 베드로는 포기하지 않고 따라가고 있었다. 가깝게 접근하면 발각이 되어 저지를 당한다. 거리를 두고 멀찍이 따라가야 했다. 여기 멀찍이는 베드로가 갈 수 있는 적정거리다. 비겁하게 눈치 보는 거리가 아니다. 그런데 많은 목사들이 거짓말을 지어내어 성경을 왜곡 한다. 여차하면 달아 나려고 멀찍이 따라 갔다고 했다.

그런 말은 성경을 무시하는 너무나 어이 없는 삼류 소설이다. 목사가 그러고도 어찌 아무렇지 않은지 모르겠다. 결국 가야바의 집까지 갔다. 베드로는 주님의 재판과는 아무 관계가 없는 바깥 마당에 앉아 있었다. 거기는 하인들이 야경하는 외곽이었다. 주님과도 아무 교류가 없었다. 베드로는 주님과 가장 가까운 거리에 있다는 그것만으로 그 자리를 지켰다.

앞으로 될 일은 아는 바가 없었다. 하인들은 베드로를 괴롭혔다. 시비도 걸었다. 폭로도 했다. 베드로는 말려 들기 싫었다. 상대할 마음이 없었다. 말을 섞으면 계속 추근댈 것 같았다. 일이 확대되면 주님께 누를 끼치게 될지도 몰랐다. 베드로는 배짱을 내밀고 반항했다. 무조건 주님의 일이 끝날 때까지는 무슨 말이든 잡아뗐다. 무슨 소리를 하는지 모르겠다고 딴전을 피웠다.

베드로는 주님을 증거 해야 할 자리에서 주님을 모른다고 하지 않았다. 하인들은 베드로나 예수를 조롱할 목적이었다. 베드로는 그들의 요구를 거부했다. 누구나 주님을 사랑하는 사람이라면 그렇게 했을 것이다. 이런 여러 가지 일을 겪으면서 베드로는 주님을 사랑하는 제자임이 드러났다. 베드로 같이 주님을 사랑하는 자는 이 세상 어디에서도 찾아 볼 수가 없다.

주님은 베드로를 누구보다도 사랑하셨다. 누구보다 신뢰하셨다. 베드로는 투명성을 인정 받을 만큼 진실한 제자였다. 한 번도 비겁하게 주님을 실망시킨 일이 없었다.

"주여 만일 주님이시거든 나를 명하사 물 위로 오라 하소서."(마 14:28)

이렇게 주님께 청한 베드로를 흉내 낼 만한 사람은 이 세상 어디에도 찾기 어렵다. 그런 베드로를 간혹 폄하하는 목사들이 있다. 주님은 믿고 사랑하시는데 목사가 그를 무시한다면 주님에 대한 예의가 아니다.

주님은 이제 베드로를 자기의 대리자로 양을 맡기려 하신다.

"내 양을 먹이라." 이것은 명령이다.
"나를 사랑하느냐?" 이것은 법칙이다.

'네가 나를 사랑하느냐?'라고 세 번씩이나 반복해서 물으신 것은 목양의 중요성을 암시한다. 그리고 그 일이 '고역'이라는 의미도 포함된다. 동시에 '위험하다'는 우려도 느껴진다.

　아무튼 어렵고 힘들어도 반드시 해야 할 일이다. 그러려면 반드시 법칙을 지켜야 할 수 있다. 그것은 예수님을 사랑하는 것이다. 사랑의 법칙이 아니면 양을 먹일 수가 없다. 법칙이라는 말은 듣기에는 좀 부담을 느끼게 된다. 그러나 법칙은 생각하기에 따라서 부담이 아닌 방편일 수도 있다. 많은 사람들이 법을 족쇄처럼 걸리적거린다고 생각한다. 그것은 좋은 생각이 아니다.

　법이란 안전 벨트 같은 것이다. 무법천지를 상상해 보면 금방 이해가 될 것이다. 주님을 사랑하는 것, 그것이 목자의 안전띠 역할을 한다. 많은 교회가 분쟁을 하고 있다. 이유는 안전띠가 풀려서 그렇다. 사랑으로도 해결되지 않을 문제는 교회 안에는 없다. 주님께서는 베드로 한 사람에게 목자의 소명을 넘겨 주셨다. 베드로가 표본이라고 하신다. 믿음도, 용기도, 사랑도 모두 베드로가 되어야 한다.

　베드로는 투명한 아침에 불려서 제자가 되었고, 다시 투명한 아침에 목자로 세움을 받았다. 베드로의 갈 길은 멀다. 아침은 출발을 의미하기도 한다. 복음은 땅 끝까지라고 주님께서 밝혀 주셨다. 주님께서는 이 막중한 사역에 두 사도를 맞붙여 주시려고 베드로와 같은 뛰어난 일꾼을 준비하셨다.

3. PM 바울

주님은 땅 끝으로 보내실 또 한 명의 사도를 세우지 않을 수가 없었다. 그 다른 사도는 베드로만큼 비중 있는 인물을 고르셨다. 땅 끝으로 갈 적임자는 문화적 소양을 갖춘 엘리트라야 될 것 같았다. 베드로에게 없는 다른 요건을 고려하여 베드로와 보조를 맞춰야 땅 끝 복음이 달성될 것 같았다. 베드로의 파트너로 주님의 의중에 한 인물이 들게 되었다.

베드로와 대조적으로 그 파트너는 오후에 은밀하게 불러서 임무를 맡기셨다. 이 얼마나 절묘한 섭리인가? 베드로는 학문에는 약하였으나 실전에는 대가였다. 하루에 삼천 명을 회개시킨 막강한 실력자였다. 반면에 바울 사도는 학문에 정통한 학자였다. 그리고 세계 문화는 물론 로마제국의 시민권까지 소지한 자였다. 아침의 사도는 주님과 직접 삼 년간 생활한 경험자였다.

오후의 사도는 예수님과 동 시대에 살았으나 전혀 서로 만나 본 적이 없는 무경험자였다. 이것이 주님의 탁월하신 사도 전략이었다. 한 사도는 아침에 공개적으로 증인들 앞에서 세우시고, 다음은 오후에 비밀리에 단 둘이서 만나셔서 사명자가 되게 하셨다. 그리고 그 순간부터 캄캄한 지경에서 스스로 헤쳐 가는 고된 훈련을 하게 된다.

바울은 매사가 베드로와 다른 차이가 있었다. 낮과 밤이 다르듯 두 사도의 진로에는 각각 가야 할 사명이 주어졌다. 아침의 사도 베드로와 오후의 사도 바울은 서로 합하여 한 날을 맞출 수 있게 되었다. 하루가 천 년 같고 천 년이 하루 같은 그 하루를 베드로는 알고 있었다. 저녁이 되며 아침이 되는 하루의 의미가 새로워졌다. 주님의 부활 이전에는 하루의 의미는 시간의 한 조각에 불과했다.

그러나 부활 후에 하루는 단순한 시간의 단위가 아

니었다. 천 년, 만 년이 될 수도 있는 하루였다. 그런 의미에서 베드로와 바울은 둘이 아니고 하나였다. 생각도, 목적도, 사는 것도, 죽는 것도 모두 같은 하나의 삶이었다. AM 베드로, PM 바울, 이 두 사도 안에 예수님의 형상이 살아 있다. 목사는 이 두 사도의 본을 닮아야 할 것이다. 밝은 날에는 베드로를 보고, 고난의 날에는 바울을 보면 된다.

목회는 천 년 같은 하루를 누리게 되는 삶을 의미한다. 베드로에게는 바울이 있어서 꽉 찬 하루를 채울 수 있었다. 베드로의 역사는 충만한 것이 특징이다. 그물이 찢어질 정도로 잡은 고기 떼처럼 말이다. 배가 갈아 앉을 정도로 고기를 만선으로 잡았던 경험은 그의 사역을 상징적으로 잘 나타내고 있다. 그런 효과는 바울이라는 사도가 뒷받침해 주었기에 가능했다.

베드로는 부성적 사도라면 바울은 모성적 사도라고할 수 있다. 바울은 해산의 수고라는 표현을 즐겨 썼기 때문이다. 농사로 말하자면 베드로는 일조량을 충분히 받고 무르익은 빨간 사과 같다. 반면에 바울은 햇볕을 전혀 받지 않고도 땅속에서 탐스럽게 자란 붉은 당근 같다고 볼 수 있다. 바울은 베드로를 부러워했다. 베드로는 어디를 가든지 정당한 대우를 받았다. 그러나 바울은 어디를 가나 사도권에 대한 불신과 오해를 받아야 했다. '당신이 어떻게 사도가 될 수 있느냐'라고 물으며 불신했다. 바울의 콤플렉스는 베드로가 많이 도우려 애썼다. 그런 탓으로 바울은 스스로 말하기를 나는 다른 사도보다 몇 배나 더 노력하였다고 한다. 그렇게 하여 그들과 같은 위치를 확보할 수 있었다고 증언한다. 바울은 해산하는 모성을 언급하며 죽을 힘을 다하였다.

바울은 그런 약점이 오히려 덕이 되었노라고 당당하게 자랑한다. 그런 노력으로 그리스도의 고난을 지고 가노라고 고백하였다. 실로 바울의 위대한 역사는 주님이 부어 주신 은혜라고 스스로 감사했다.

베드로에게는 환하게 보이는 "깊은 데로 가라! 그물을 배 오른 쪽에 던져라!"라고 하셨다. 그러나 바울은 세계 선교로 향하던 출발이 베드로의 경우와 아주 달랐다.

아시아에서 성령이 말씀을 전하지 못하게 막았다. 진로는 보여 주지 않고 하던 일을 못하게 중단시켰다. 바울은 헤매기 시작했다.

북쪽으로 올라가 비두니아로 가려고 시도했으나 예수의 영이 허락하지 않았다. 역시 어디로 가라는 방향 제시도 없었다. 다시 반대 방향으로 남쪽으로 내려와 드로아까지 이르렀다. 거기서도 아무 결정도 할 수 없었다. 갑갑하여 미칠 것 같았다. 그런데 그 날 밤에 한 마게도니아 청년이 나타나 환상 중에 말하기를 '자기들을 좀 도와 달라'고 했다.

그런데도 주님의 지시는 없었다. 가는 것이 좋은지 어떤지 바울이 스스로 결정을 하도록 그대로 두셨다. 그 밤에 바울의 판단은 정확했다. 주님이 가라고 해서 가는 베드로와 네가 알아서 가라는 바울의 진로는 한 점 오류 없이 적중했다. 바울은 많은 일들을 밤에 이루어 내는 신비로운 능력의 소유자였다.

청년의 말대로 바다를 건너 갔을 때도 암담하기는 마찬가지였다. 수일을 기다려도 그 환상의 주인공은 나타나지 않았다. 다시 밖으로 헤매다가 어떤 빨래터에서 여성들을 만나게 되었다. 그 자리가 세계 선교의 관문이 된다는 이야기는 너무나 유명하다. 베드로는 주님의 오른

팔, 바울은 왼팔과 같은 존재였다.

제5장 서약 위반 죄

서약, 선서, 맹서, 계약, 조약 등으로 불리는 '약속'이라는 것은 인간 사회를 버티게 하는 장치이다. 서약은 대충하는 것이 없다. 반드시 짚고 갈 것을 선명하게 명문화 하여 약속을 확인한다. 서약은 대통령도 비켜 가지 못하는 엄연한 원칙이다. 목사도 목사 서약을 해야 임직이 된다. 목사의 서약은 노회에서 주관하는 임직예식 때 하고, 그 후에 임지인 교회에 부임하여 시무식(위임식, 취임식)에서 이미 서약했던 것을 재확인하는 이중 구조를 갖고 있다.

그런데 우리나라에서는 약속 위반을 해도 사람들이 크게 부끄러워하는 것 같지가 않다. 일반적으로 죄가 가볍다거나 무겁다는 것은 처벌의 형량으로 정하는 것 같다. 약속 위반으로 중형을 받는 경우는 드물다. 그러나 약속 위반으로 변상해야 하는 손해는 형량과 비교할 수 없는 큰 피해일 수도 있다. 목사가 약속을 위반했을 때 입는 손실은 인격적인 피해이다. 목사는 임직서약에 100% 동의한 후에 목사 안수를 받는다. 따라서 그 약속을 위반하면 목사의 자리를 온전하게 보유할 자격을 문제삼아도 할 말이 없다. 언젠가는 갚아야 할 부담으로 남게 된다. 당장은 아닐지라도 죄는 벌을 부르게 된다.

목사의 서약 위반죄를 전면 검토할 생각은 없다. 위반해도 아무 상관이 없는 것은 말해도 소용이 없을 것 같다. 꼭 말해야 할 세 가지만 적어서 글을 마무리하려고 한다. 첫째는 책임에 관한 것이고, 둘째는 평등에 관한 것이며, 셋째는 처신에 관한 것이다. 이 세 가지를 다시 한 번 돌아보고 목회자가 자기 완성을 위해 남은 목회생활을 훌륭하게 감당하기를 바란다. 매를 먼저 맞아 본 노목사(老牧 師)의 동지애라고 받아 주면 좋겠다.

1. 목사의 책임감은 어디에?

목사가 되어서 지고 가야 할 책임을 다짐하는 것이 서약이다. 자기의 맡은 직무를 본심으로 수행하겠다는 맹서이다. 목사는 책임과 화평 그리고 평생을 바친다는 서약을 하게 되어 있다. 목사는 교회에서 연봉을 정하여 청빙을 한다. 목사는 청빙서에 기재된 그 내용을 알고 수락한다. 교회에서 임직 받는 직분자 중에서 봉급을 받는 사람은 목사뿐이다. 그 이유는 교회가 목사에게 책임을 지운다는 표시다. 그 증거로 생활 보장을 약속한다.

그래서 목사는 교회의 책임자가 될 수밖에 없는 몸이다. 그 책임이 목사를 억압하는 것은 아니다. 오히려 책임감 때문에 일에 보람과 능률이 더하게 된다.

내가 미국에 들어 오던 해였다. 우리 고장 출신의 한 교육자가 자살했다는 신문의 제목이 눈에 띄었다. 요즘에도 자살이 많아서 고민인데 이런 이야기는 하기가 무척 조심스럽다. 그러나 꼭 하고 싶은 이야기라서 독자들의 양해를 먼저 구하고 싶다.

그때는 한국 신문을 미국에서 당일에 볼 수 없었던 시대였다. 당시에 그 교육자는 도 교육감이었다. 교육청에 무슨 사고가 있는 줄 알고 기사를 읽다가 그만 질려 버렸다. 교육자로서 존경을 한 몸에 받아 오던 그는 자살 같은 선택은 할 위인이 아니어서 자살한 이유가 궁금했다. X고등학교는 전국에서 손 꼽는 명문 고등학교였다. 그 학교에서 시험 부정이 있었다. 교사가 감독하지 않아도 시험에 부정이 없던 학교였다. 그렇게 자랑하던 수재들이 모인 학교에서 그런 일이 터져서 자극이 된 것 같다. 단순한 일개 학교의 비행이 아니라 교육의 이미지가 추락된 것이 부끄러웠다. 그 일을 교육감이 책임을 지겠다며 스스로 목숨을 끊었다. 여론은 담임이 책임지거나 학교장이 책임질 일이라고 했지만, 본인은 유서에서 밝히기를 도 교육의 총 책임자인 교육감이 그 책임자라고 했다. 우리에게 그런 교육자가 있다는 것이 한없이 자랑스러웠다. 이 말에 덧붙일 필요도 없지만, 자살을 방조하고자 하는 의도는 전혀 없다.

우리 시대는 책임을 회피하는 지도자가 무더기로 사는 세상이다. 교회도 예외가 아니다. 교회와 교계에 크고 작은 비리가 세상에 알려져도 책임지는 자를 찾아보기가 어렵다. 교회가 지탄을 받는 일이 생겨도 책임을 질 사람이 없다면 그 교회는 이미 교회가 아니다. 그런 중에도 목사가 태연하게 목회를 계속하고 있다면 그것은 약속 위반죄를 범한 것이다. 교회가 시끄러우면 목사가 자리를 버리고 뛰쳐나가라는 말이 아니다. 그런 경우에는 책임 회피가 된다. 서약에는 '어떤 핍박이나 반대를 받아도 인내하고 충심으로 복음의 진리를 보호하며 교회의 성결과 화평을 힘써 도모하기로 작심한다'고 되어 있다. 목사가 되면서 성도들이 반대해도 참고 노력하여 화평을 도모하겠다고 서약했다. 그렇다면 끝까지 아름다운 결과를 이루어 내야 한다. 물론 쉽지는 않다. 그럴 의지가 있다면 반대자라도 신앙과 사랑으로 정복해야 한다. 그것이 교회가 세상과 다른 차이이다.

많은 교회가 분규가 처음 발생할 때부터 잘라 버리려는 나쁜 생각을 한다. 이런 불행한 오늘의 비극은 목사가 책임의식이 없는 데 큰 이유가 있다. 반대가 왜 생기는가? 그 원인을 찾아보면 무엇인가 불만이 있어서 시작된다. 불만은 왜 일어나는가? 왜 병이 곪도록 방치했는가? 그 책임의 소재를 함께 찾으면 답이 나온다.

예수님은 제자들이 '가라지를 뽑아야 되지 않느냐?'고 했을 때 이미 오늘과 같은 불행도 예견하신 것이 아니었을까 싶다. 수많은 교인이 받는 상처를 생각하면 가라지 뽑는 일은 그렇게 중요하지 않다는 교훈이다. 그보다 더 애매한 것이 있다. 목사에게 반대하는 자를 무조건 마귀라고 몰아 세우는 것은 말이 되지 않는다. 반대자가 생기는 것도 목사의 불찰이라는 책임감만 있다면 수습이 가능하다. 처음부터 그럴 생각이 없었던 것은 아닌지 모르겠다. 목회란 어려운 것이다. 어렵기 때문에 보람이 그만큼 큰 것이다. 성취감도 높다.

목사도 한 세상을 같이 살아 가는 평범한 사람이다.

살면서 터득한 재미라는 것이 있다. 요즘은 사는 데 재미가 없어서 목숨을 버리는 시대다. 인생의 재미 중에 가장 값진 재미는 성취감인 것 같다. 경쟁해서 차지하는 승자 같은 성취감은 패자의 아픔 때문에 오히려 부담이 될 때가 있다. 그보다 더 높은 성취감은 자기의 책임을 완수했을 때 느끼는 쾌감이다. 그때 밀려 오는 파도와 같이 강한 쾌감은 아무 재미와도 비교할 수 없다.

간혹 남의 목숨을 구하려고 자신이 목숨을 던지는 감동을 보는 때가 있다. 모든 사람이 그를 영웅으로 받드는 정서를 읽을 줄 알아야 목사답다. 남을 위하여 어려우면 어려울수록 책임지는 용기는 가치가 크다. 쉬운 일에는 성취감을 느끼지 못한다. 목회도 마찬가지이다. 쉽고 편하게 잘되어 간다면 무슨 보람과 성취감을 논할 수 있을지 의심스럽다. 책임감으로 성취감을 만끽하려면 상대가 어려울수록 좋은 기회가 될 것이다.

우리가 믿는 예수 그리스도의 생애가 그 모본이다. 배신자 유다에게 끝까지 친구라고 불러 준 그 정신을 목사가 가져야 할 마음이다. 목사의 책임감은 서약이 아니더라도 자존심 같이 소중한 것이다. 약속을 위반하면 무책임하다거나 약삭빠르다는 비난을 받는다. 그 말은 비겁하다는 말과 같다. 목사가 그런 소리를 듣게 되면 자격상실이 아닐까 싶다. 제발 교회를 위해 죽을 각오로 책임자로서 약속을 지켜 주기 바란다. 모든 책임을 남에게 돌리는 무능하고 이기적인 목사는 되지 말아야 한다.

나는 목사들에게 개혁을 하라고 말하지 않는다. 생각을 바로 하라는 것뿐이다. 기본적으로 할 일을 바로 할 생각을 하면 아무리 어려워도 길이 있기 마련이다.

내가 목회 하던 중에 피해 갈 수 없는 부정 사건이 생겼다. 모든 상황이 당사자를 처벌해야 될 범죄가 구성되어 있었다. 내가 처벌을 하지 않겠다고 하면 나도 공범으로 오해를 받게 생겼다. 상당한 조사와 논의를 거쳐서 최종 결정을 내려야 할 때였다. 회중의 중론은 처벌이 지배적이었다. 다만 어떤 벌을 어떻게 내릴 것인지 결정하는 자리에서 내가 아무도 생각하지 않는 새 방안을 제시했다.

"이 사건은 해석 여하에 따라서 해법이 다르다고 생

각합니다. 모두들 죄를 범한 당사자에게 변상을 요구하는 재정 사고라고 보고 있습니다. 그러나 내 생각은 조금 다릅니다. 교인이 부정을 했다면 그 교인의 지도자도 책임이 있다고 생각합니다. 그러니 그 사건은 목회 사고로 간주하여 목사가 책임지면 어떻겠습니까?"

만일 재정 사고라고 한다면 감독 소홀의 책임도 물어야 하니 연쇄적으로 교인들이 다칠까 봐 두려웠다. 목사가 책임을 진다면 일석 이조의 효과가 있을 것 같았다. 스스로 반납할 테니 회수할 금액이 정확할 것 같았다. 그리고 불명예스럽지 않으니 후환이 없을 것 같았다. 만일 계속해서 재정 사고로 몰아붙이면 당사자가 강하게 부인할 것이니 형사 사건이 될 것 같았다.

결국 그 큰 사건은 목사가 교인을 바르게 지도하지 못한 책임자가 되는 선에서 일단락이 되었다. 그 뒤에는 한 마디 말도 없이 사건은 종결되었다. 나는 본인을 은밀하게 불러서 모든 것은 당신의 신앙 양심에 맡기고 기도하겠노라는 말로 종결했다. 나는 그 책임을 말로만 지기로 한 셈이 되었다. 마음 속 깊이 언젠가 기회가 오면 책임을 이행하기로 결심했다.

그 후 해가 두세 번 바뀌었다. 목사의 책임은 부도가 될 것 같았다. 회수할 가능성은 점점 희박했다. 교인들은 사건을 거의 잊어갔다. 그때 나에게 뜻밖에 청빙이 들어왔다. 서울에서 남쪽으로 내려 가야 하는 심리적인 부담이 되기는 했으나 약속한 책임을 질 수 있는 절호의 기회였다. 그때 내 나이가 예순 다섯이었다. 그 나이에 청빙은 좀처럼 없다. 나는 하나님이 주신 기회라고 믿었다. 그 교회가 나의 사임을 받아 줄 리가 없다는 생각을 했으나 청빙을 일 년만 늦춰 준다면 수락하겠다고 약속했다.

일 년 동안 열심히 일하며 떠날 준비를 했다. 그 당시 나는 매우 혹독한 시력의 상실로 어렵게 지낼 때였다. 교회에 누를 끼칠 수가 없다는 이유로 교인들을 설득하여 임지를 옮겼다. 서울에서 지방으로 내려가는 것을 좌천이라고 하지만 목사에게는 그런 것이 있을 수 없다. 새로운 임지로 부임하게 되었다. 떠나던 날은 수많은 교인들이 임지까지 따라와서 전송해 주었다. 목사가 모든 일에 책임을 진다는 것이 목사의 힘 같았다.

2. 교회에서 평등이 무너지면

사람에게 평등은 기본 조건, 또는 기본 자격 같은 것이다. 평등은 의미상으로는 동등과 같다. 우리 말에 '남만큼 산다'는 말은 '잘 산다'는 뜻이다. 반대로 '남보다 못 산다'면 '아주 궁색하다'는 말이다. 모든 사람은 남과 같이 되려고 노력한다. 남보다 뒤쳐지는 것은 죽기보다 싫어한다. 그래서 한때는 지식층에서 평등한 사회를 꿈꾸던 시대가 있었다. 우리 나라에서도 일제 강점기 시대는 평등 사상이 약소민중들에게 인기가 있었다.

지금도 평등은 싫어하지 않는다. 정치적으로 평등하려니까 억압이 따르고 독재가 되고 폭력이 자행된다. 그래서 억지로 평등하기는 어렵다. 예수께서 이 세상에 오셔서 평등을 실현하시고 평등을 강조하셨다. 제자들 사이에 서로 크고자 할 때마다 그런 불평등한 생각을 바로 잡아 주셨다. 교회야말로 아무도 큰 사람으로 행세해서는 안 된다. 그러면 모든 사람이 피해를 입는다. 크고 작은 비교는 인간에게 할 수 없는 표현이다.

교회에서 목사가 가장 범하기 쉬운 죄는 교만일 가능성이 높다. 목사 서약에는 주 안에서 같은 직원 된 형제들과 동심 협력하기로 맹세한다. 결코 목사가 다른 사람 위에 있지 않다는 것을 확인시킨다. 같은 직원이니 당연히 평등하다. 형제들이니 역시 평등이다. 그리고 동심이라 했으니 차별할 수가 없다. 평등은 참 편하다. 동등이면 서로 당당하다. 억압이나 무시당하지 않는다.

목사는 평등을 조율하는 중심축이다. 그런 목사가 오히려 자신을 크게, 높게 보이려고 한다면 그것은 서약을 위반하는 죄를 범하는 것이다. 평등은 소통이 아주 자유롭고 편하다. 목사가 만일 교인들과 평등하다고 생각한다면 일하기가 쉽다. 말하기는 더욱 쉽다. 설교를 할 때라도 불평등한 사이라면 그 격차 때문에 방해가 된다. 평등한 곳에는 갈등이 없다. 서약에 '동심(同心) 협력'이라는 표현은 참 고상하다. 같은 평등한 마음은 순수한 동심(童心)과 같을 것 같다.

그러나 평등이 싫거나 평등이 불편하다면 큰 병에 걸린 것이다. 평등은 곧 균형을 의미한다. 사람이 건강하다는 것은 신체의 균형을 유지하고 있다는 말이다. 건강을 잃은 병자는 신체의 균형이 제대로 유지되지 않기 때문이다. 남을 짓밟고 올라서고 싶은데 그런 대상이 없다면 불편할 것이다. 교회에서 목사, 장로, 집사는 같은 '항존직'이라 한다. 직무는 달라도 등급은 평등하다. 교회 직분에는 하등의 등급이 없다. 등급을 물려 준 일도 없고 등급을 만든 적도 없다.

로마 카톨릭은 교황이 있다. 종교 개혁은 평등주의를 회복한 운동이었다. 개혁 교회는 평등이 특징이다. 현대 교회를 바라보며 종교개혁 이전으로 돌아가고 있다고 비관하는 자들도 적지 않다. 교회 평등을 파손하는 것은 목사에게 책임이 크다. 목사의 목소리가 너무 크고 위협적이기 때문이다. 그래서 목사가 큰 줄로 착각하는 교인

이 많다. 목사의 권한이 너무 크면 목사가 두려운 존재가
된다.

어떤 부흥회에 갔더니 부흥강사가 목사에게는 언권
이 있다고 과시했다. 목사가 축복하면 복이 온다고 장담
했다. 또 목사가 저주하면 당장에 벌이 내린다고 엄포를
놓았다. 무슨 코미디언이 오락 프로에서 말하듯 농담처
럼 허풍을 떨었다. 목사의 축복권이라는 언권은 정말 있
는 것인지 나는 잘 모른다. 목사가 저주할 언권을 정말
쓸 수 있는 것인지 알 수 없다. 목사가 혼자서 마음대로
할 수 있는 권한은 아무것도 없는 줄 안다.

유다서에 보면 천사장 미가엘과 마귀의 다툼이 기록
되어 있다. 천사장과 마귀가 모세의 시체를 놓고 다투어
변론을 한다. 거기서 천사장은 직권을 행사하지 않는다.
천사장과 마귀가 상대가 될 수 없다. 천사장과 마귀는 다
투어 봤자 마귀가 이길 수가 없다. 더구나 천사장은 마귀
를 두려운 상대로 대하지도 않는다. 마귀가 천사장에게
대들었다면 천사장이 요절을 내야 할 것이다. 아마 천사
장이 단칼에 날려 버려도 되는 권세가 있다.

그 변론의 종결이 어떻게 끝나는지 목사는 알아 두어야 한다. 천사장은 마귀에게 아무 처단도 내리지 않는다. 천사장은 마귀에게 "주께서 너를 꾸짖으시기를 원하노라"라고 말했다. 유다서 저자는 그 의미를 설명하고 있다. 천사장 같은 하늘의 높은 위치에 있어도 감히 하나님께서 지켜 보시기 때문에 자기가 나서서 권세를 쓰지 않았다는 것이다. 목사도 역시 하나님 어전에서 자기가 나서서 권리를 과시한다는 것은 있을 수 없는 일이다.

종종 목사들 중에는 자기가 권한을 행사하듯 명령도 하고 결정도 하는 것을 큰 자랑처럼 생각한다. 교회에서 목사의 권한은 높다는 의미가 아니다. 신령한 일을 위탁받은 성스러운 일을 행할 뿐이다. 목사가 그런 권리를 행사할 일이 좀처럼 일어나지 않는다. 목사의 서약에는 법을 준수하는 것이 첫째이다. 혼자서 결정하고 집행하는 것이 아니라는 뜻이다. 충분한 논의를 거친 후에 법의 절차대로 결정이 이루어지는 것이다.

교회의 구조는 눈으로 보이게 되어 있지 않다. 다만 평등하게 되어 있다는 것은 확실하다. 간혹 교회당 내

부의 구조가 교회의 구조가 아닐까라고 생각할지 모른다. 대다수의 교회당은 전면에 강단이 높다. 거기에 중앙에 큰 의자가 있고 좌우에 조금 다른 의자가 중심을 보좌하는 모습을 띄고 있다. 임금의 용상 같은 분위기라고 볼 수 있는 구조다. 그 가운데 자리는 목사의 자리이다. 그러니 교회의 구조는 그렇게 볼 수 있다.

아주 틀린 생각은 아니다. 그러나 왕의 높은 것과 목사의 중앙의 자리는 의미가 같지 않다. 그 강단은 예배시간에만 목사가 쓰게 된다. 하나님의 말씀을 대언하는 목사의 직무가 가장 중심이라는 뜻 외에는 등급을 표시하는 것은 아니다. 강단이 높은 것은 지위를 상징하는 것이 절대로 아니다. 교회에 나와 앉아 있는 모든 사람들에게 공평하게 듣고 보고 참여하기에 좋도록 기능을 고려한 구조이다. 목사가 높은데 서는 사람이니 높은 사람이라고 생각할 필요는 없다. 목사가 큰 소리로 설교하는 것도 모든 사람에게 다 잘 전달되게 하려는 배려이다.

교인들이 존경을 하는 목사를 상대적으로 크다거나 높다고 생각하는 것은 나쁠 것이 없다. 그러나 목사를 건강하게 지켜 주려면 헛바람을 집어 넣어서는 곤란하다.

평등과 존경이 서로 부딪히는가? 절대로 그렇지 않다. 평등하다고 함부로 대한다면 이미 평등은 깨지는 것이다.

상하 격차가 있어서 위의 사람을 올려다 보고 존경하는 것은 진정한 존경은 아니다. 할 수 없이 해야 하는 불가피한 몸짓이다. 평등한 데서 존경을 한다고 생각해 보라. 그 존경은 얼마나 순수하며 멋스러운가?

3. 목사의 바른 처신

목사가 교회의 청빙을 받아 담임 목사로 시무하게 되면 우선 안심하게 되는 것이 한 가지 있다. 그것은 임기가 없다는 것이다. 물론 법이 정하는 정년은 있어도 담임 목사의 임기는 없다. 그래서 위임 목사는 종신직이라고 말한다. 서약에는 그런 문구가 없다. 그리고 이유 없이 쫓겨날 걱정은 하지 않아도 된다. 얼마든지 느긋하게 살아도 밥 굶을 걱정은 없다. 만약 일반인이 그런 직장에 들어 갔다면 처신이 확 달라질 것이다.

목사의 처신은 어떤 사람보다 어려운 편이다. 각계각층, 남녀노소, 빈부 귀천, 지위고하 등의 워낙 다양한 대상을 상대해야 되기 때문이다. 그래서 서약에 표시한

절묘한 기록이 눈길을 끈다. 목사는 당연히 그 서약을 승락한다. 다섯 조항 중에 마지막 조항이다. 거기에 이렇게 시작한다.

"신자(信者)요, 겸(兼)하여 목사가 되겠은즉 자기의 본분과 다른 사람에 대한 의무와 직무에 대한 책임을 성실히 실행하여 복음을 영화롭게 하며 하나님께서 그대에게 명하사 관리하게 하신 교회 앞에 경건한 모습을 세우기로 승락하느냐?"

이 질문에 대해 "예"라고 대답하여 서약한다.

목사는 처신에 각별하게 신경을 써야 한다. 특별히 주목을 해야 할 대목은 '신자요 겸하여 목사가 되었다'는 말이다. 목사도 신자의 한 사람이라는 뜻이다. 신자와 자기를 굳이 차별하지 않아야 된다는 것이다. 지나치게 자신을 돋보이고 싶어하는 목사가 종종 있다. 그런가 하면 목사는 특별한 사람이라는 것을 무척 강조하려는 경우도 많이 노출된다. 그런 처신은 정말 목사답지 않다. 교회에 들어 온 사람은 모두 신자이다.

'교회 앞에 경건한 모습을 세우라'라고 했다. 그 말

은 모든 신자와 다름 없는 모습을 보이라는 말이다. 자기의 본분과 다른 사람의 직무에 대한 책임 있는 성실한 태도를 요구한다. 목사가 자기의 직분만 중하다고 과장하면 다른 사람의 직무는 무시하는 결과가 된다. 그런 처신은 매우 위험한 실례가 된다. 교회 안에는 언어 행실이 목사보다 더 경건하게 처신하는 교인들도 있다. 목사의 처신은 교인들에게 본이 되는 것은 더 말할 필요가 없다.

서약문에는 보다 강조하는듯한 문구가 있다. '경건한 모습을 세운다'라고 했다. '세운다'는 말은 '드러난다'는 의미 같다. 목사는 아무리 숨으려고 해도 드러나게 되어 있다. 그래서 기왕에 드러나려면 경건한 자세를 하면 적당하겠다. '드러난다'고 '뽐낸다'는 뜻은 아니다. 목사의 경건은 목사의 품위이다. 목사의 멋스러움이기도 하다.

어떤 목사는 화려하게 입는 취향이 경건을 방해하는 줄 모른다. 목사의 처신은 외향과도 관계가 있다. 우리이웃 교회 목사는 반바지 차림으로 교회를 두루 다닌다고 교인들의 불만이 많다고 했다. 편리한 복장이라도 때와

장소는 가릴 줄 아는 것도 목사의 처신이다. 문제는 자기 취향이 아니라 교인들의 정서에 달려 있다. 언사, 복장, 헤어 스타일 등 어느 것이든 목사의 경건과 교양에 흠이 되지는 않아야 된다. 믿지 않는 주위 사람들에게도 목사는 경건의 모습으로 덕이 되어야 한다. 그런 것 모두가 사람들에게 존경의 조건이 되기 때문이다.

무엇보다 중요한 것은 인상이다. 목사의 인상은 깨끗한 것이 우선이다. 목사의 얼굴에서 욕심 같은 것이 전혀 느껴지지 않아야 한다. 그리고 또 다른 한 가지는 평화로운 향기 같은 느낌을 풍기는 것이다. 서약문에 '하나님이 그대를 보내셨다'는 문구가 있다. 처신을 잘못하면 하나님에게 욕이 돌아간다. 그 영향은 교인들에게도 해를 끼친다. 서약 위반자가 되지 않으려면 처신에 각별한 신경을 쓰는 것도 잊지 말아야 한다.

목사라는 자격으로 처신하는 것이 아니다. 목사의 덕으로 많은 사람들과 좋은 관계를 이어가는 것을 말한다. 겉으로 또는 억지로 포장하는 것은 기술이다. 기술에는 요령은 있고 진실은 없다. 사람들은 그런 것을 경계한다. 마음에서 우러나는 진실이 사람들에게 호감을 준다. 세상에서는 속임수로 사람의 마음을 끌기도 한다. 진실이 결여된 처신은 거짓이다. 오직 목사만은 속임수를 쓰지 않아야 우리 사회를 건강하게 할 수 있다.

목사의 처신에는 특이한 매력이 있다. 그것은 투명성이다. 목사가 절대로 듣지 않아야 할 말이 '엉큼하다'는 말이다. 마음이 가난한 것과 투명성은 깊은 관계가 있다. 가진 것이 많으면 투명하기가 어렵다. 불투명하면 의혹이 생긴다. 의혹은 '신뢰가 없다'는 뜻이다. 목사의 처신은 마음에서 시작된다. 마음을 펼쳐 놓아도 부끄럽지 않게 살면 될 일이다. 어렵겠지만 목사라면 못할 것도 없다.

처신의 사진적인 의미는 '몸가짐'이라고 한다. 몸가짐은 '사람답게 살려는 태도'이다. 몸가짐은 몸이 홀가분하여야 가능하다. 몸이 둔하면 처신이 어렵다. 몸을 부자연스럽게 압박하는 부담을 주는 것이 있으면 몸이 말을 듣지 않는다. 그 숙적의 짐을 욕심이라고 보면 정확하다. 목사는 욕심으로부터 자유로운 몸이 되어야 한다. 욕심을 부리면 처신이 부자연스럽게 된다. 목사가 범하기 쉬운 욕심은 명예에 대한 욕심이 아닌가 싶다.

처신은 처세와 달라서 세속의 유익을 따르지 않기에 목사에게 너무도 익숙한 단어인 경건이 늘 우러나는 몸가짐이다. 나이가 들어도 경건한 처신은 여전히 필요하다고 느낀다. 목사의 죄를 마감하며, 부르심(소명)의 길을 완주하는 것은 경건한 처신이라는 믿음을 더욱 갖게 된다.